成長里程碑

48個一至三歲育兒指南

Agnes Chan
陳美齡 著

JPC HK

目錄

導言

身體及腦袋的成長

聯合國兒童基金會指出，對兒童成長最重要的時期，是母親受胎之後的一千日。

也就是說，從媽媽懷孕到孩子兩歲半左右，是最重要也是最脆弱的期間。在這段期間，我們需要全力保護母親和兒童，讓他們有一個安全和充實的成長過程。

零至一歲是嬰兒期，一至三歲是幼兒期。英文稱這個成長期的兒童為「Toddler」，意思是開始走動的小朋友。

一至三歲的小朋友，身體、智能、心理的成長速度驚人，每天都會有顯著的變化。家長就像每天都會面對一個不同的孩子，所以必須有足夠的心理準備和育兒知識，才能隨機應變、充滿信心地帶孩子。孩子在這段期間的生活，會影響他們一生。父母要抓緊這個成長黃金期，為孩子全方位建立一個鞏固的基礎。

這本書希望能為這段期間的幼兒父母及照顧者提供一些資料，幫助他們在育兒過程中過得更輕鬆和快樂，同時希望他們利用書中的知識，為孩子們提供最佳的成長機會和環境。

幼兒期的小朋友，又勇敢又忙碌。

因為什麼事對他們來說都是新鮮事，包括自己的身體、自己能做到的所有事。對他們來說，這期間是連續不停的突破。每學會一件事，腦袋裡都會分泌出快樂荷爾蒙，令他們感受到學習的歡樂。但若果每當他們學會一件事，身邊人的反應都是負面的話，孩子就會變得怕事，凡事都會看人面色；若果孩子做出了非常危險的事，旁邊的人又沒有好好教導他們，就會令他們建立壞習慣。

所以在這段期間的育兒是比較敏感的，也需要衡量輕重。太重手會讓孩子的自我肯定能力下降，太放鬆又會令孩子不能明辨是非。

從一至三歲，孩子的腦袋會開始成長，開始有回憶、會語言、會思考和有分辨能力。他們會模仿他人的動靜，探索周圍的世界，也會開始反叛，有自己的主張。他們會不停問你問題，也會走來走去，坐不定，一不高興就會大聲表達。很多父母都覺得這個年齡的小孩子是最難教導的，但其實這是教育孩子最重要的兩年。你在這兩年如何對待孩子，會影響他的一生。

·身體的成長

嬰兒的成長速度是飛快的，一歲時的體重已經能達到出生時的三倍，之後的成長才會慢下來。

孩子會從一至兩歲之間增加大約五磅，長高四至五吋。兩歲時的身高將會達到成人的一半。男孩會比女孩重大約一磅，身高則不會有很大的差別。兩至三歲的孩子會平均增加四至五磅，增高兩至三吋。但從兩歲開始，個人差別會明顯化。

	2歲		3歲	
	男孩	女孩	男孩	女孩
平均身高	34吋	33.5吋	37.5吋	37吋
平均體重	28磅11安士	26磅11安士	31磅12安士	30磅11安士

孩子的身高和體重只要在平均數值前後，應該是沒有問題的。但若是有很大差距的話就要注意，或尋求醫生的意見。

除了身高體重之外，孩子的身形也會從嬰兒時比較短手短腳，變得更加適合站著走動。小肚子開始變平，肌肉也開始成長，看起來不再是嬰兒，而是幼童。

這個時候你的孩子會開始走路，也會開始爬樓梯、慢跑。他可以拉著玩具一起跑，會開始自己脫衣服，用杯來喝飲料，用匙羹來吃東西，等等。

・腦袋的成長

零至一歲的孩子，腦袋會成長一倍；到三歲為止，腦袋已經完成了一生中八成的成長。

新生兒已經長好了一生的腦細胞，但腦細胞的多少不是關鍵，腦細胞與細胞之間的連接才是最重要的，即是所謂的「突觸」。在這時期的孩子，每一秒會有一百萬個突觸的成長。

三歲的孩子，腦袋已擁有所有基本能做到的事。

幼兒的腦袋是很敏感的，特別受環境的影響。這個時期要注目的是腦袋的「可塑性」，可塑性就是沒限制的成長和變化。孩子腦內的突觸不斷增加，腦袋越來越靈活，不斷吸收新事物。但若孩子在這期間得不到豐富的經驗和與人接觸的機會，用不著的突觸是會消失的，那麼小朋友腦袋的可塑性就會減弱。譬如小時候只聽一種語言，長大之後學其他語言時，就會有口音。但若小時候已經接觸多種語言，腦袋對其他發音有印象，長大之後學其他語言，不但會比較容易，而且不會有口音。

所以，我們要為幼兒期的孩子構築一個基礎鞏固的腦袋。腦袋的成長就像建房子一樣，沒有鞏固的基礎，就不能建造一座理想的建築物。若有鞏固的基礎，那麼當孩子繼續成長時，在各方面都會穩定很多。

一至三歲的里程碑

一至三歲的孩子能夠做到很多事情，讓我們來看看這時期的里程碑。

1歲
社會和感情
·會拿書來，要求你讀給他聽。 ·當父母離開時會哭。 ·對陌生人會抗拒。 ·換衣服的時候會伸出手腳協助你。

	語言	智能
·會有特別喜愛的玩具。 ·會用聲音引人關注。	·會揮手踢腳，引你注意他。 ·會說「爸爸」、「媽媽」等簡單的詞。 ·胡言亂語般的發音，慢慢開始像有意思的句子。 ·會明白簡單的指示。 ·會跟著你說話。	·會模仿他人的句子。 ·會把東西拍在一起製造聲音。 ·可以用杯喝水。 ·可以找到被藏起來的東西。 ·會知道很多東西的名字。 ·可以把東西放進容器，或從中拿出來。

1歲半

動作

- 開始走路。
- 可以自己坐下來。
- 可以站起來。

食物

- 可以吃很多種類的食物，如蔬菜水果。
- 可以自己一個人吃飯。
- 可以咀嚼食物。

社會和感情

- 喜歡把東西交給別人。
- 有時候會發脾氣。
- 會對陌生的人感到驚慌，但對熟悉的人會表達愛意。
- 會玩扮演遊戲，譬如餵洋娃娃吃飯等等。

	·遇到新環境的時候，會倚靠著照顧者。
語言	·可以說幾句說話，也會點頭或搖頭表示好與不好。 ·會明白簡單的指示。
智能	·會知道普通東西的用途，譬如冰箱裡有吃的，電話是和人說話的等等。 ·會知道身體各部分的名字。 ·可以用筆在紙上亂畫。

2歲

社會和感情

- 喜歡模仿別人。
- 見到其他小朋友會非常高興。
- 開始更自立，也會反叛，故意做你叫他不要做的事。
- 開始和其他小朋友一起玩耍。

語言

- 能夠明白很多東西的名字。
- 會記得旁邊的人的名字。
- 可以說短的句子。
- 會知道如何去做你叫他做的事。
- 會模仿別人的說話。
- 看書的時會指出書中的內容。

智能

- 能分別出形狀和顏色。
- 可以說出完整句子，甚至背一些書中的句子和詩詞。

- 可以和你玩扮演遊戲。
- 可以疊四至五塊積木。
- 明白兩個階段的複合指示，譬如脫下鞋子，然後去洗手。

動作

- 可以用腳尖站著。
- 可以踢球。
- 可以跑，可以爬高爬低，按著扶手可以自由上落。

3歲

社會和感情

- 會模仿大人和朋友的舉動。
- 會對朋友表達好感。
- 願意排隊玩東西。

	·若朋友在哭時，會關注朋友。 ·能夠明白這是「我的」、「他的」。 ·會表達很多種情緒。 ·離開爸爸媽媽時，沒有那麼抗拒，能夠自己換衣服。
語言	·能夠明白比較複雜的指示，譬如打開雪櫃，把雞蛋拿出來，然後交給爸爸等等。 ·知道更多東西的名字。 ·能夠明白什麼是「裡面」、「上面」、「下面」。 ·能夠說講出自己的名字、歲數。 ·能夠叫出朋友的名字。 ·會講「我們」、「他們」、「你們」等等。 ·說話時會很清楚，能夠和人談話，能連續說兩三句句子。

智能	動作
·手指開始靈活，可以玩比較複雜的玩具。 ·可以完成簡單的拼圖。 ·明白複數。 ·可以畫圓圈。 ·可以一頁一頁翻書看。 ·可以打開瓶蓋或開門。	·能爬高爬低。 ·可以騎三輪車。 ·可以一個人不用扶手上下樓梯。

雖然說是成長的里程碑，但每一個小孩子的成長速度都不同，所以不用太擔心。但若果孩子遲遲不說話，叫他也不回頭，或者不懂得自己站

起、坐起的話，就應該帶他去見醫生。我鼓勵家長定期帶孩子接受檢查，如每六個月左右，讓醫務人員評估孩子的成長是否正常。

以上，我們了解過孩子基本的成長指標，那麼家長要如何幫助孩子在期間營造最好的發展環境呢？下一節，首先談談最基本的三件事。

最基本的三件事

・睡眠

一至三歲的小朋友，需要每日九至十一個小時的睡眠。有充足睡眠的小朋友才會健康快樂，可以充滿信心地學習，不容易哭，情緒平穩。若是晚上睡不了太長的話，要給孩子充足的午睡時間。

孩子需要有一個他喜歡的睡覺環境。有些小朋友怕熱，有些怕冷，所以他們的睡衣、被鋪等等，都要迎合各自的體溫。

有些小朋友喜歡和大人一起睡，有些喜歡一個人睡。若孩子是一個人睡的話，你需要小心注意孩子的狀態。例如有沒有做惡夢？有沒有撞到頭？有沒有哭？等等。

孩子要求和大人睡，並不是一個大問題，同房睡或是同床睡都可以。以前有些專家認為，不分房睡就不能培養自立的孩子，但近年的研究表示這是沒有根據的，孩子跟大人睡覺，對他們的自立沒有影響。

有些孩子貪玩，往往不肯睡覺。有什麼方法呢？

最好的方法，就是定一個睡前的程序，形成習慣。譬如每逢睡前都給孩子讀繪本，孩子看完繪本，就會想睡覺。或睡前給孩子唱搖籃曲，他聽到你的歌聲，就會想睡覺。或是睡前一定洗澡、換睡衣，習慣後，孩子就會知道洗完澡是睡覺的時間。如此這般有一個程序的話，孩子慢慢就會知道：差不多時間要睡覺了。他的腦袋會有所指示，不知不覺就會乖乖睡著。

・運動

睡覺和運動有很大關聯，運動不足的小朋友，往往睡眠也不好，所以小朋友每天都需要有充足的運動。專家認為每天至少需要有三個小時的運動，最理想的是在戶外進行。無論夏天或冬天，接觸大自然都是好事，在外面玩耍，對兒童的成長有很好的影響。這個時期的小孩子應該是坐不定的，家長應該鼓勵孩子多走動，而不是讓他們乖乖地坐著玩玩具。

我有一位朋友，他時常背著一歲多的孩子，即使放下來也只是讓孩子在 BB 床上活動。所以孩子已經差不多兩歲了，走路仍然並不穩定，晚上睡不好，食慾也不夠，比起其他小朋友更瘦弱。

背著孩子是可以的，但一定要每天給孩子有足夠的運動，讓他們鍛煉身體，增長肌肉，輔助腦部的成長。讓他們吃得好、睡得好，才是健康孩子的培養方法。有工作的媽媽，可能每天要下班之後才能夠見到孩子。我鼓勵黃昏也好，晚上也好，帶孩子到外面走走，尋找一個他可以安心跑來跑去的地方，譬如鄰近的公園，或沒有太多人的街頭也可以。不要把孩子整天困在屋內，因為孩子需要空間成長。週末帶孩子接觸大自然，例如行山，到沙灘玩水，讓孩子的眼睛不是單單看著天花板，而是廣闊的天空、無際的海洋。

我時常會在晚上帶我的孩子到公園，看星星，望月亮，踢球，尋找花朵，或只是手拉手散步。回家之後，幫他們洗個澡，他們就會睡得特別甜。週末，我們會一家人去釣魚，到公園野餐，騎三輪車，有時也會去游泳等等。當然到商場或遊樂場，也是享受天倫之樂的好方法，但一年三四次就夠了，其他時間帶孩子多看看不同的東西吧，譬如乘電車、搭小輪，到不同的地區看看。今天去鄰近的公園，明天去遠一點的公園；今天早上看海景，下個星期晚上看夜景。用你的想像力，帶孩子接觸千變萬化的環境。讓孩子多些活動，不但能夠令他們身體強健，也會幫助他們腦袋變得更靈活、充實。

・飲食

給孩子有營養的飲食是育兒的基礎。碳水化合物給孩子能量，蛋白質給孩子力量，蔬菜水果給孩子優質的維他命，幫助成長。

這個時期的孩子開始可以吃很多種類的東西。家長可以慢慢摸索孩子喜歡吃什麼，不喜歡吃什麼，盡量讓孩子嘗試各種不同的食物、不同的味道、不同的顏色、不同的種類。很多時候家長會餵小朋友，但我鼓勵家長讓小朋友自己吃飯。不管用手或用餐具都可以，讓他們用自己的方法、自己的節奏吃飯，這對小朋友來講是一種挑戰，也是一種享受。若孩子要依靠別人把食物放進他們口裡的話，吃飯就變成是一件任務、一件必要做的事，而不是一件好玩和享受的事。為了培養孩子對食物的興趣、選擇食物的智慧、對吃飽的自覺，讓他自己吃飯是很重要的。讓孩子學會衡量什麼是「吃飽」，是訓練他們不會過度飲食的好方法。孩子自己吃飯，可能一次吃得不多，家長可以增加用餐的次數。

這個時期的孩子需要吸收各種營養，所以盡量不要讓孩子吃素。若真的要吃素，就必須注意補充孩子的蛋白質、脂質和其他營養，否則對身體和腦袋的成長都會有影響。

從這個時期開始，要避免給孩子吃零食或有添加劑的食品。不要吃太鹹，也不要太甜。最理想的是吃天然的食物，也就是說，吃肉就用肉，不用香腸等加工肉類；吃魚、吃水果、吃蔬菜等，也盡量用新鮮食材，不用罐頭或冷藏食品等。

選擇奶粉的時候要小心，不要選擇含反式脂肪的奶粉。有很多食物都含有反式脂肪，這對小朋友的身體有害，應盡量食用自然的脂肪。

不要讓這時期的小朋友接觸甜味的飲料。讓他們習慣多喝水、牛奶和新鮮果汁等天然的飲料。因為經過加工的甜味飲料會增加肥胖的可能性，而且過量的糖份會增加身體發炎的機會，小朋友容易發炎的話就容易病，病了也難康復，就不能有健康的生活。

我鼓勵家長不要和小朋友分桌吃飯。餐桌是培養親子關係的好地方，一邊吃一邊談話，讓孩子感受到和家人吃飯的樂趣，也可以鼓勵他們參與談話，提升他們的IQ和EQ，訓練聆聽力、理解力和發表意見的能力等等。最重要的是讓孩子知道，吃飯不只是填飽肚子的行為，而是享受天倫和人生的時間。

這個時期的小朋友因為好奇，往往喜歡把東西放進嘴裡，試試是什麼味道，是軟是硬等等。家長要小心留意，別讓孩子什麼都隨便放進嘴裡，因為那些東西有時帶有毒性，有時更會令孩子噎到窒息。

探討完基本的三件事，從下一章開始，我們繼續看看有什麼方法可以幫助一至三歲的小朋友健康成長。

第1章

了解面前的孩子

1 無限的可能性

這個時期的孩子會開始養成自己的嗜好，也有不喜歡做的事。家長看到孩子喜歡在紙上畫畫，就覺得孩子一定有繪畫天份，但這其實是未必的。因為這個時期的孩子，正在嘗試各方面的能力，所以可能今天埋頭做一件事，明天又做另一件事。家長不用太著急，應耐心觀察，孩子究竟有多少嗜好，有哪些值得特別去培養，不需要立刻決定「這孩子將來是畫家／歌手／科學家」等等。當然，有些小孩子在一至三歲期間已經懂得彈琴，或者其他技能，但那都是比較特別的例子。讓孩子接觸各種不同的興趣，讓他們試試自己的能力和喜好，慢慢找到自己的特長和喜歡做的事，才是事半功倍，一定會做得很好。

最要小心的，就是不要逼孩子做「你希望他做的事」，而是讓他做「他喜歡做的事」。我有一位朋友，因為希望孩子拉小提琴，所以從兩歲半就讓他學習。小朋友不喜歡，但為了讓媽媽高興，很用心去學習，成為了校隊的成員。但他在初中畢業那天，就發誓不再拉小提琴，因為其實一直都不喜歡，不能想像在高中再花時間做自己不喜歡的事。回家之前，他把小提琴丟進垃圾桶了，回家後被媽媽罵得很厲害，小朋友痛哭幾天沒有吃飯，覺得媽媽不理解他。媽媽後來後悔了，向孩子道歉，孩子說：「媽媽，若你沒有逼我拉小提琴，可能我會找到另外一個嗜好。現在已經太遲了！」媽媽聽了這番說話，非常難受。

我們都不希望見到這種情況，所以要和小朋友好好商量，究竟他們喜歡或不喜歡什麼。小朋友有很多可能性，要是我們逼他們做一件不喜歡的事，可能就會埋沒了他們原本的天份。很多小朋友根本不知道自己喜歡什麼，所以要讓他們有多一點機會嘗試。

這時期的孩子腦袋還在成長，正是前面也談過的「可塑性」。但要謹記，小朋友的人生是小朋友的人生，不是家長理想中的人生。要讓小朋友當他們人生裡的主角，幼兒擁有無限的可能性，不必急著決定他們的未來。

2 小心受傷

這個年齡的小朋友非常大膽，什麼都想嘗試，因為他們不知道危險在哪裡。所以家長或照顧者要不時關注小朋友，不可以讓他們亂跑，同時也應該提供一個安全的環境讓他們可以探險。這個時期的孩子會跌倒，會撞到頭，也會受傷，盡量不要讓他們遇上太大的意外，防止他們做太危險的事。例如他們看見樓梯就會爬上爬下，如果不小心看管，任由他們自己一個人玩，一不小心可能會從樓梯頂掉下來。又例如孩子會在街上亂跑，你一定要提醒他們小心，不能跑得太快，否則車子來的時候，來不及閃避，就會發生悲劇。在公園玩也要小心，攀爬遊具的時候不要掉下來，玩滑梯的時候也不要太快。小心走路，留意路面，不要被石頭雜物絆倒。不可以碰火或太熱的東西，不要丟玻璃的器具等等。孩子看到風扇就想把小手指伸進去，看到刀就摸不知道會被割傷，看到水就想跳進去……身邊有太多太多危險了，每一件小事都要小心教導孩子。

但很多家長教導孩子的時候，只會告訴他們不可以做，卻沒有耐心解釋為什麼不可以做。這樣反而會令小孩子以為是一種遊戲。上街時亂跑，媽媽就會追他，拉著他的手，他覺得很好玩，是不會改過的。在公園跑得特別快，爬上爬下，讓媽媽緊張，他也會覺得很好玩，每次都會重複去做。所以，你教孩子不可以做某一件事的時候，一定要解釋清楚背後的原因，讓他們明白知道才會改過。這才是真正的「預防受傷的教育」。

這個時期的孩子成長得很快，昨天做不到的事，今天就能夠做得到，所以會發生很多意想不到的事情。媽媽要小心不要讓孩子一個人跑到露台，爬窗口，出門外。這是一個非常容易受傷的階段，大人看顧孩子特別費神，但只要好好教導，孩子學懂之後就會自己小心，以後就會比較安全。為了不會後悔，一定要很小心看顧孩子。過了三歲之後，大部分小朋友都會知道什麼是危險，一至三歲是高度危險期，請不要讓你的小朋友受傷。

3 糟糕的兩歲

很多人認為，兩歲多三歲的孩子是最難帶的。在外國，有很多人用 terrible two（糟糕的兩歲）來形容這個階段的育兒過程。

「明明之前什麼都聽我的，突然間什麼都要自作主張。」

「一不如意就哭！又尖叫！」

其實這是小朋友成長的必經之路，表示孩子不再是你的一部分，開始有自己的想法了。

原因是，這個時期的孩子開始了解到「自己」和「別人」的概念。他們發覺自己做得到的事情多了很多，但想做又做不到的事情卻更多，令他們很不耐煩，很不高興。孩子開始有自己的主意，但是又不能充分表達出來，得不到旁人的了解，覺得很難受。小朋友的腦袋和感情上的成長，未能滿足他們希望做到的事，所以他們很容易發脾氣，情緒不穩定，不能如願的時候會尖叫，用各種方法表示不滿。旁邊的人也不知道如何安慰他們，因為孩子無法說清楚，大人無從入手為他們解決問題，令他們焦躁不安。

孩子的這種態度，會令家長感到困擾、煩躁，對情緒失控的孩子產生不耐煩，又對自己能否做好一名家長失去信心。其實只要態度正確，「糟糕的兩歲」也可以變為一個很快樂的期間，所以不必擔心。

我覺得這個時期，是小朋友和家長的 growing pains（成長的痛楚）。一方面，小朋友因為未能夠滿足地表達自己、明白自己的目的，所以很痛苦。另一方面，家長發覺自己控制不住小朋友的情緒，也不知道應該如何安慰他們，所以也很痛苦。

這個時候，當家長最重要的就是站在小朋友的立場，衡量每一個情況。想像一下，你的肚子很痛，卻找不到如何表達這個情況的語句，旁邊的人又不理解你，你唯一可以得到關注的方法就是尖叫和發脾氣，我相信你也會盡全力尖叫的。兩歲的孩子就一直身處這個情況中，你可以想像他們有多難受。又譬如你已經走了很久，已經不能再走了，但旁邊的人卻逼你一直走下去，你唯一的抗議方法就是坐在地上。兩歲的小孩子很多時候希望爸爸媽媽抱，但家長覺得小朋友在撒嬌，要他們自己走路，意見不合，各自煩惱。其實那個年齡的孩子，小腿的確很容易疲倦，他們不是在撒嬌，而是真的需要休息，所以才會坐在地上大哭。但爸爸媽媽覺得小朋友不聽話，還說「你不跟著走，我就不要你了！」想像一下小朋友有多難過。

家長要有想像力，全心全意去理解面前的「糟糕的兩歲」，那麼兩歲的孩子就不會那麼「糟糕」。這個階段的孩子，雖然看起來好像應該明事理，但畢竟他們還是幼兒，是需要我們諒解和包容的。不要堅持逼小朋友配合你的節奏，反而是盡量配合孩子的節奏，那麼每天就會過得容易很多。

4 挑戰界限

兩歲的小朋友時常會挑戰界限，因為他們不知道什麼可以做，什麼不可以做，所以他們每一件事都會試試，以此看看你的反應。這個時候，家長一定要很明確地告訴他們，「這是可以做的，這是不可以做的」。而且不是用「責備」的方式，而是用「解釋」的方式。為什麼那事情不可以做？是因為危險？是因為不道德？雖然孩子年紀還小，家長也要清清楚楚地解釋給他們明白。

這個年紀，是小朋友建立一生人的道德和善惡觀念的時期。所以家長真的要小心，灌輸正確的觀念給孩子，例如不可以撒謊、不可以傷害人、不可以拿別人的東西、不可以浪費食物和資源、要愛護生物、要有感恩之心、要尊敬他人、要遵守秩序，等等基本原則。

有一次，我在公園看到兩位小朋友在摘花，他們的媽媽坐在旁邊聊天，沒有阻止。於是我走到近前，用友善的聲音告訴他們：「這裡的花是不可以摘的。」其中大約兩歲多的小朋友吃驚哭了起來，我也嚇了一跳。媽媽們見到我的行為，有點不滿意，抱起孩子安慰他。我為嚇倒了孩子而道歉，媽媽們沒有說話。孩子一定要把花帶走，媽媽鬥不過，就說已經摘了的花可以帶回家。孩子拿著花走到我面前，望著我，好像在問我可不可以拿走？我微笑著說：「已經摘了就拿走吧，下次不要再摘了。」他點點頭，很懂事地回到媽媽身邊。從這件事來看，孩子不知道公園的花是不可以摘的，可能因為媽媽沒有教過，亦可能他是第一次在公園摘花。其實這是一個教孩子的好機會，我覺得那位媽媽錯過了。媽媽應該解釋給孩子聽，公園的花是不可以摘的，因為這是大家的公園，花不是屬於我們的，而是屬於大家的。要告訴孩子什麼東西是自己的，什麼東西是大家或人家的。

但我覺得很安慰的，就是孩子來問我手上的花可不可以帶回家。他希望得到我的認同，希望自己沒有犯太大的錯。當家長的要把握機會教導孩子，否則孩子就會繼續做錯事。

又有一次，我看到一位兩歲多的孩子搶走了另外一位小朋友的餅乾，媽媽只是立刻遞了另一塊餅乾給那小朋友，卻沒有教導孩子。這也是錯過了教導孩子的機會。媽媽應該首先對孩子說：「不應拿朋友的東西，快些還給人家吧。」若孩子抗拒的話，就好好解釋給他聽：「你看你朋友多難過，快去安慰他，把餅乾還給人家。要是他拿走你的餅乾，你也會很難過，對嗎？」解釋為什麼不能拿走人家的東西，再讓他將心比心，理解自己所做的事是不合理的。跟著可以和他妥協：「媽媽還有餅乾，你想多吃一塊可以問媽媽。肚餓的話，我可以再給你一塊。先把這塊餅乾還給朋友吧，大家一起吃才開心呀！」解釋為什麼把餅乾還給朋友是最好的選擇。當孩子聽話照辦的時候，要好好讚賞他：「你真乖，不搶人家的東西。媽媽很驕傲，來，給你多一塊餅乾！」我明白，這樣的做法需要很多時間和耐心，但對兩歲多的小朋友來說，這是非常重要的課程，只有在他們身邊的照顧者或家長才可以及時糾正和教導他。他理解明白之後，以後就不會再做，若再做也會知道是自己不對。「立刻指出」和「即場教導」，是教育過程的重點。

5 教孩子守規矩

這時期的小朋友，我們要開始教導他們在公眾場所守規矩。這是社交能力的一部分。例如在有人的地方不能大叫，不能吵鬧，不能跑來跑去；要學習跟人打招呼，在適當的時候說謝謝；不可以拿人家的東西，不可以隨便打人；上街時要拉著媽媽的手，不可以破壞公物，要守秩序，要排隊，等等。這些事，我們都應以身作則，反覆教導孩子。每次他們做錯的時候，要不厭其煩，三令五申，讓他們知道我們過的是群體生活，他不能作自私的行動。

有一天，我約了一位朋友，她坐在酒店大堂等我下來。

見面後她說：「有一件事，我想問問你的意見。」

我回答：「什麼事？」

她說：「剛才我坐在這裡等你時，有一位小朋友走了過來，說：『這是我的椅子，快起來，我要坐這裡。』我說：『這是酒店的椅子。』孩子說：『你起來！這是我的椅子！』我不理會他，他就大叫。之後小朋友的媽媽走過來，他就對媽媽說：『你看，這個人坐了我的椅子，快叫她起來！』媽媽想拉小朋友走開，小朋友就說：『媽媽你快把這椅子買下來，不准她坐！』鬧了好一大輪，媽媽才把小朋友帶走。」

朋友問我覺得如何？我真的不願相信有小朋友竟然會這樣做。我告訴朋友說：「這是育兒的失敗。因為媽媽總是滿足小朋友的要求，令小朋友覺得他是宇宙的中心，全世界都是為他而轉，所以才會有這種表現。」

我們絕對不希望自己的孩子用這種態度做人處世，所以我們要讓他們從小明白到，地球不是為他一個人而轉的。我們必須守規矩，社會才能夠安全和平地運作。我們是一個大家庭裡面的一分子，每個人都要守本分，不可以自私自大，不可以自以為是，這樣每一天才會過得快樂。雖然孩子還小，但我們必須趁早教導他們，否則長大之後要改就比較困難了。

6 給孩子任務

幼兒期的小朋友開始認識自己和周圍的環境，這是鍛煉他樂意為家庭作貢獻的好機會。雖然年紀還小，能做的事情有限，但家裡仍然有很多任務可以交給小孩子做。這不但可以讓孩子認識什麼是責任感，也可以提高他們的記憶力和同理心；同時讓他們感受到對家的歸屬感，明白自己是家庭的一部分，家庭是大家一起構成的，必須互助互愛。

我的小孫女在美國生活，現在一歲多。她在家裡的任務，就是把水果上面的貼紙拿掉。她非常重視這任務，每次成功把貼紙拿掉，我們都會感謝她。她總是滿面笑容地點頭，很可愛的。

她還有另外一項任務，就是負責把不要的東西丟進垃圾桶。她在家裡找到垃圾時，會用眼睛問媽媽，這是否可以丟掉？要是爸爸或媽媽說可以，她會問應該是掉進可燃燒的，或不可燃燒的，或是可回收資源的垃圾桶？丟垃圾也可以成為一門環保的課。小孫女很認真地完成任務，在街上看到紙條，也會主動拾起來，問過大人後，尋找垃圾桶把它丟進去。她儼然已變成一位清潔人員，對自己的任務感到很驕傲。

無論孩子年紀多小，他們都可以有責任感。多給孩子設下任務，他們會感到很開心、自己很重要，他們的自我肯定能力也會提高。每做好一件事，不要忘記讚賞孩子，讓他們知道這件事真的可以幫助人。若什麼事都由你為孩子做好，會令孩子覺得家事是大人的責任，與他們無關，父母為自己服務是應該的。那麼到他們長大了，可能會不願意做家務，覺得父母在逼自己做一些自己不需做的事。

家務是每一個人的責任，每一個人都應該準備好分擔不同的家務，誰有時間，誰就應該去做。不是規定了媽媽煮飯，爸爸洗碗，然後不是自己負責的事就不做。幼兒期的孩子，我們只能讓他們做力所能及的事，隨著孩子成長，慢慢增加他們的責任。培養孩子覺得為家裡做事是應該的，自然的，有成就感的話，當他需要照顧自己或做家務的時候，就不會抗拒。

如果在這個時期把孩子當公主王子一般照顧的話，長大之後，要是你希望孩子幫你做家務，也會比較困難。因為在他們從小的認識之中，爸爸媽媽是應該服侍、照顧他們的人。所以在幼年期多給小孩子任務，長大之後他們也會樂意盡自己的本分。

第2章

提高孩子的智能

7 鼓勵孩子問問題

這個年紀的小朋友最喜歡問問題，無論什麼對他們來說都是新鮮的，每天都是一場冒險。每看到新事物，他們都會問你：「這是什麼？」有些時候簡直是問題的「轟炸」。我提醒家長，一定要鼓勵小朋友多發問，因為發問就是好奇心和想學習的表現。

當他們問你問題時，請你不要說等一等，而是說：「你問得太好了！媽媽很高興！讓我們一起去找答案吧。」首先要表示讚賞，讓孩子知道問問題是一件非常好的事。有什麼事情不懂，必須問，不懂並不是羞恥，問問題也不是麻煩別人，而是一件非常好的事。這樣可以保持小朋友的好奇心和好學心，否則他們會以為問問題是麻煩了他人，不敢多問，慢慢就會養成不懂也不問的習慣，他的好奇心和好學心就會減退，這是非常可惜的。

如果孩子長大，不明白的事不積極發問，上學的時候不舉手，回家做作業很辛苦也不敢求助，不懂但也不敢問你，那麼他的成績一定不會很理想。本來可以學習得很好的小朋友，如果因為羞於發問而追不上課程，這不但可惜，也是學習之路的障礙。

所以在幼兒期，當小朋友仍然充滿好奇心的時候，家長一定要表揚他們發問的能力。我們都希望能夠培養好學、自學的小朋友，孩子問問題就是表示他好學，所以我們一定要保持他好學的精神。所以當孩子問我問題的時候，我是盡量忍耐，絕對不說「等一等」的。無論多忙，我都會先讚賞他們，然後和他們一起找答案。可能是因為用了這個方法，我的三個孩子都很好學，對什麼事都有興趣。這樣的孩子上學的時候比較輕鬆，成績也容易進步。所以我們真的要鼓勵孩子多發問。

8 讓孩子選擇

選擇的能力並不是與生俱來的，而是需要練習的。這個練習，從幼兒期就可以開始。例如讓孩子選擇他們最喜歡的玩具、最喜歡穿的衣服、最喜歡吃的食物，他們選擇之後，你應該表示讚賞。

做法很簡單，可以放幾件衣服在他們面前，問：「你今天喜歡穿哪一件？」又或者拿出幾種食物，讓他們選擇：「你想吃什麼？」他們吃完就再問：「接下來想吃哪一種？」從中訓練他們選擇的能力。嘗試過一次，就會知道自己最喜歡哪一種，第二天，你再放同樣的食物在面前，他們就會做出聰明的選擇。又例如拿出幾個不同顏色的波波，問孩子：「你喜歡紅色、黃色或藍色？」然後用他們選擇的顏色的波波來玩耍。你帶孩子上街，站在路口時可以問：「你喜歡向左走或是向右走？」讓他們選擇，然後一邊走，一邊介紹路旁的事物。今天介紹向右走有什麼，改天又介紹向左走有什麼。當下次再站在路口的時候，孩子就會告訴你，到底喜歡右邊行還是左邊走。

如此這般，什麼時候都給孩子選擇的機會。就算他們的選擇錯了，也不要懲罰他們，因為這個年紀的小孩子，還未認識對錯，這只是一個練習期。差不多三歲的時候，孩子已經能夠做很多選擇，今天喜歡上街還是在家裡看書，喜歡先洗澡或先吃飯等等，都可以作出決定。

我有一位朋友，她的女兒每天選衣服的配搭都怪怪的，朋友問我，到底應該不應該教她怎樣才是更有品味的選擇。我告訴她：「不要緊呀！應該鼓勵孩子自己做選擇。你女兒現在穿衣服可能怪怪的，顏色也不合襯，但既然這是她喜歡的衣服，穿上去覺得快樂的話，你應該讓她自己決定。」朋友聽後，真的每天都讓女兒配搭衣服，女兒長大後，竟然成為了一位服裝設計師！「因為從小媽媽就給我機會自己選擇衣服，讓我對自己的品味很有信心。」我的朋友聽了非常驕傲，覺得自己沒有埋沒女兒的天份，幫助她發揮了她的潛能。

古人有道，「三歲定八十」，很多時候我們真的要給小孩子機會，讓他們作出選擇，鼓勵他們表達自己的嗜好和立場，作出選擇，進而發現自己的潛力。

9 假裝遊戲的好處

假裝遊戲（make-believe play），又稱「假扮遊戲」或「象徵遊戲」，即是孩子扮演一個角色，或用代替品去模擬一場活動。譬如用一塊積木當手機，當自己是媽媽餵洋娃娃吃飯，和書中的熊貓說話，當自己是超人、公主等等，這些都是假裝遊戲。從一至三歲的階段，小朋友能開始分辨出什麼是真的，什麼是假的。小朋友玩假裝遊戲，顯示出他的智能有所成長。心理學家都認為，假裝遊戲對小朋友的成長有多方面的好處。

首先，假裝遊戲可以培養孩子的想像力、創造力，也能鍛煉他們的溝通技巧，提高精細動作的技能，和練習判斷式思維。假裝遊戲讓小孩子「think out of the box」，在假想的世界裡，不受原本知識的規限，不需要顧慮做得不好或做得不對，可以盡情發揮自己的想像力，在遊戲中學習如何解決問題。當孩子扮演角色的時候，其實也是在鍛煉表達能力，並從記憶中把角色演繹出來。當他們與假想的對象談話的時候，其實是在練習溝通的技巧。他們會模仿身邊的大人或其他小朋友，甚至在電視或互聯網上看到的溝通方法。這樣，孩子會慢慢找到最適合自己的溝通方法。

在感情方面，這也是一個更安全的方式，讓孩子發洩他們的感受。因為面對的是虛假的人物，孩子不會那麼害羞，可以把心裡面的話說出來。家長可以細心觀察小朋友怎樣玩假裝遊戲，從中了解他們的心情。

我鼓勵家長和小朋友玩假裝遊戲。譬如你可以拿著一條香蕉，假裝那是電話；把積木砌成堡壘，讓孩子扮演王子；或扮成大猩猩，跳來跳去，追著孩子玩。我和大兒子最喜歡玩的一個遊戲，就是「他是漁夫我是魚」。我會在地上扮成一條魚，他則在床上釣魚，他釣到的時候，我就爬上床。這個遊戲他很喜歡，兩歲多三歲的時候時常要求我和他玩。另外一個遊戲就是我們輪流扮動物，然後說出那動物喜歡吃什麼，到了什麼地方等等。

簡單的假裝遊戲，可以幫助鍛煉小朋友的想像力和增加他們的知識，推動孩子的腦袋進入另一個境界，是健康成長的重要過程之一。

10 強大的詞彙

人類自從有了語言之後，我們把所有事物、感受都化成語言，這就是所謂「文化」。久而久之，我們不能夠用語言表達的東西，在意識中就當作不存在。詞彙豐富的人能把自己的感受和身邊的事物表達得淋漓盡致，不但令人佩服，也可以幫助自己和他人更加正確地理解情況。詞彙貧乏的人不能充分地表達自己，也因為缺乏理解周圍的工具，知識也會比較膚淺。

一至三歲的孩子腦袋好像海綿一樣，不停地吸收新知識。在這個吸收新知識的黃金期，家長一定要全心全力為他們累積豐富的詞彙。做法非常簡單，就是把你的感受化為語言，做什麼就說什麼，把看到的一切事物都告訴孩子。「媽媽看到彩虹，很感動！」「這是奶奶為你做的衣服，好漂亮哦！好感恩啊！」指著在水裡的魚兒：「看，那是紅色的鯉魚，正自由自在地游泳，真可愛！」這個時期的孩子能聽懂比較複雜的句子，所以可以慢慢跟孩子說，孩子會明白的。一邊說，一邊鼓勵孩子跟著你複述重要的詞語。譬如「彩虹」、「鯉魚」、「可愛」、「漂亮」等，讓孩子有更深的印象。

介紹新事物的時候，要指著事物來說，否則幼兒期的小朋友會不知道你所說的東西在哪裡。

而且為了可以解釋更多事物，說話的方式應有很多情報在內，「今天的月亮是圓的，光亮的，真漂亮。」「這黃色的香蕉真好吃，又香又甜。」「小心，這碗麵很熱啊！要吹著，慢慢吃。噢，碗底像月亮一樣圓啊！看看有沒有其他東西都是圓的呢？」

如此這般，不停地供給孩子情報，豐富他的詞彙。

美國的研究指出，在幼兒期得到豐富的詞彙訊息的孩子，在學校的成績比沒有充分詞彙環境的孩子要好很多。專家認為，家長和照顧者必須多和孩子說話，促進他們的詞彙發達。我完全贊同這提議。

有幼兒的媽媽，不要怕人覺得你囉嗦，不停說話是對孩子有益的。因為我有三個兒子，平常不多說話的我，在孩子面前說個不停。有時累了不出聲，孩子們會擔心。「媽媽頭痛了嗎？」「媽媽不舒服嗎？」一我才知道，在孩子心裡，我是一個不停說話的媽媽！可想而知，我是多麼努力地向孩子說話。

另外，閱讀也是建立強大詞彙的方法。因為每個作家的表達方式各有不同，筆風、用詞的性格也很廣泛。平常不會接觸到的詞語、平常生活不會遇到的情境，也可以在書中找得到。書中更有幻想世界，可以令小朋友吸收更多詞語和感受。

因為這個時期的小朋友很容易受外來因素影響，所以我們說話要小心，不要用粗言穢語或歧視、侮辱性的語言等等。大人說髒話，孩子一定會模仿，甚至會覺得很好玩，而且覺得這種無禮的表達方式是可以接受的。要是你只禁止孩子說，但不制止其他人說，那麼孩子會不知所措，不知誰是誰非。他們的小小腦袋裡會覺得，既然爸爸可以說髒話，為什麼我不可以？甚至會覺得你雙重標準，對你的信任會降低。

所以，要是家長想培養孩子成為一個有禮貌的君子淑女，就必須好好檢討自己的言語和態度。

11　建立良好的閱讀習慣

我鼓勵家長為孩子建立一個良好的閱讀習慣，最大的目的就是讓孩子喜歡文字，最低限度也是不抗拒文字。因為在現代社會，對文字沒有抗拒的人，做什麼事都會有優勢。上學時不會覺得太大壓力，做功課也會覺得輕鬆。出社會做事時，無論什麼文件也不會難倒他。閱讀得多的人，文章會寫得更好，表達能力也更高，別人對他的評價一定會好。所以，閱讀是百利而無一害的。

我從孩子零歲開始，就大量和他們閱讀。每天閱讀，讓他們覺得閱讀是很平常的事，就如吃飯、睡覺一般，是生活的一部分。我的孩子們在三歲前就開始自己閱讀了，最初他們懂的文字不多，但不知不覺就形成一種觀念，覺得閱讀是一種娛樂，也是尋求知識和解決問題的好方法。所以書本成為了他們的好伴侶。

我時常帶他們到圖書館，讓他們選擇自己喜歡的書。三個孩子的愛好都不同，但每個人找到自己喜歡的書之後，就會自己閱讀，有些時候叫他們不要看太久也不聽。我家客廳有書架，他們的房間也有書架，家中有大量的書籍。只要手裡有書，他們就很高興。

我也會隨身帶著很多小本的圖書，放在手袋裡。當我們坐車談話，大家聊得開始有點疲倦的時候，我就會給他們每人一本小書，他們就會很滿足地享受旅程。

我和他們閱讀的時候，首先我會為他們讀出內容，然後再邀請他們讀給我聽，最後把書本蓋上，請他們向爸爸轉述故事的內容。

這個方法可以鍛煉他們的聆聽力、閱讀力、理解力和表達力。在一至三歲的階段開始這個訓練，到他們上學的時候就會覺得很輕鬆，因為他們已經懂得聆聽老師的話，然後在腦海中了解內容。若有需要時，也可以用自己的方法表達出來。這樣的閱讀方法誰都可以做到，而且對孩子來說非常有好處。

「可是我的孩子不喜歡閱讀啊！」我時常聽到有媽媽這樣說。

這可能是因為，在孩子三歲之前，你沒有重視給他們一個閱讀的環境。我強烈建議家長要讓孩子習慣閱讀，覺得閱讀就如吃飯、洗澡一般自然，不是一件特別的事，而是每天在任何地方都可以做。

這樣能養成孩子的閱讀習慣。

另外一個可能性，就是孩子未找到自己心愛的書本，所以不喜歡看書。讓孩子自由選擇想看的書，是養成閱讀習慣的重點。不要只逼孩子去看你為他準備的書，而是讓他自己去選。一至三歲的孩子已經可以有自己的主張，多讓他接觸更多類型的書本吧。

喜歡閱讀的人不會孤獨。只要有一本自己愛看的書，他就可以找到自己的世界，投入幻想的空間，人生會變得豐富和有趣。

當一個人腦海裡有很多故事和知識時，就會有充分的話題和人交流，提高他們的社交能力。這些都是閱讀的優點。為了孩子的未來，請盡早引導孩子選擇他們喜歡的書，成為一位「書蟲」吧！

12 教孩子文字

兩歲左右的小朋友已經可以開始學習文字。有些小朋友學得快一點，有些小朋友學得慢一點。中文需要把每一個字都記得清楚，是比較困難的，但英文字母可以從很小的時候就開始教孩子認識。

我的大兒子在三歲已經開始自己看書，二兒子是兩歲半，三兒子比兩位哥哥更早。我教他們英文的時候，首先會用一張紙寫一個大大的「A」，再在下方畫一個很小的蘋果，然後告訴他們這是Apple。Apple就是「A」。讓他們記住之後，我就把那張紙貼到很遠，然後再問他們：「那個字母是什麼？」孩子能夠看到字母，但看不到小蘋果。有些時候他們記不住字母，我就提醒說：「走近點可以看到提示呀！」孩子跑到那張紙的旁邊，一看到 Apple 就會知道是「A」，然後非常高興地對我說：「媽媽，是 A 啊！」我會拍手叫好：「你真棒！你是自己學會的！用自己的腿跑到那裡，然後就記住了！你真厲害！」這樣稱讚孩子，他們會非常高興！每一個字母都用這個方法，孩子們學得很快，不到一個月已經把所有英文字母學會了，你也可以試試看。

喜歡文字的小孩子，閱讀速度快，上學的時候也輕鬆。早點教懂孩子讀文字，他們一個人也可以靜靜地坐下來閱讀，給你很多自由時間。在外面坐車的時候，給他們一本小書，他們就會靜靜的。如果他們喜歡看書，也就不會看那麼多手機，書本成為他們的好朋友。

我的三個孩子都是書蟲，到現在也很喜歡看書，會三種文字。我覺得很安慰，因為他們喜歡看書，所以不會覺得悶，也不會覺得孤獨。只要有書本，他們就會有自己的世界。所以我鼓勵爸爸媽媽早點教小朋友學習文字，然後選擇他們喜歡讀的書，那麼他們的人生就會更多姿多彩。

13 培養孩子說多種語言

三十年前，專家說，從零歲開始讓小朋友聽太多種語言，會對他們的語言學習有壞影響，甚至推遲孩子說話的時期。理由是孩子聽太多種語言，會令他們的腦袋混亂。但今時今日，專家推翻了舊的理論，指出那是沒有科學根據的。

從小接觸多種語言的幼兒，不單不會影響語言學習，反而大有裨益。因為他們的腦袋裡從小已經記憶了各種語言的發音，到學習那些語言的時候，就會比較容易，發音也正確。要是孩子沒有多語言的記憶，不但學習外語會比較困難，而且一定會有口音。因為他們幼兒期只接觸到一種語言的發音方式，如何運用嘴唇、舌頭、喉嚨的記憶已固定了，不能完全模仿其他語言的發音。

而且，如果思維只基於自己的母語，學習其他語言時也會感到困擾。情感的表達受語言的限制，因為每一種語言都有自己的文法和表達方式，譬如用中文能夠表現得淋漓盡致的事，用英語卻說不出來。或用英語可以傳遞的情感，在中文卻感受不到。若果小朋友能夠學會多種語言，他感受的範圍就會擴大很多。

有很多希望到外國發展的人，往往因為語言障礙而放棄，很可惜。但若果小朋友能學會多種語言，他們的發展機會就會多很多。以前不要讓幼兒從小聽太多種語言的想法已經不合時宜，我鼓勵家長給這個年紀的小朋友多聽幾種語言，那麼當他們長大之後學習其他語言就會比較簡單。

我的孩子們現在懂得英語、日語和中文，二兒子還學會了西班牙文。這對他們來說非常有利，不但可以和很多人交流，也可以看不同語言的書籍或在互聯網上找外國的資料。因為他們從小就習慣了多種語言的發音，所以說英文是完全沒有口音的，日語和普通話的發音也比我好。

雖然我在日本發展已經數十年，但因為我小時候沒有聽過日語，所以即使到了現在，我說日語仍然是有口音的。又例如，我從小就說廣東話，幼兒期未有接觸過標準的普通話，所以我的普通話也是有廣東口音的。相反，因為我在幼兒期已開始接觸英語，所以我的英語是完全沒有口音的。

我相信現代的專家們所說，多聽其他語言其實是對小孩子學習語言非常有利的。

14 讓孩子指出你的錯誤

教導孩子一個非常有用的方法，就是讓他當「老師」。你要先告訴他們什麼是對的，什麼是不對的，這件事情如何處理，那件事情如何做。接著，你要在他們面前故意做錯，然後問：「這樣做對嗎？」如果他們真的明白，就會告訴你：「不是，不是！媽媽，應該這樣做呀！」或者會說，「媽媽不能這樣做，這是錯的！」如果孩子能夠指出我們的錯處，就表示他們已學會了。也是說，我們的教導成功了。

一歲多的孩子已經懂得很多東西的名字。我會特意說錯，讓他們指正我。譬如，我會指著汽車說：「嘩！這條船真漂亮！」孩子就會說：「No！媽媽，那是汽車。」又會指著蘋果說：「這是香蕉！」孩子就會搖頭：「媽媽，這是蘋果！」如此這般，讓他們糾正，你就能知道他們真的認清了事物的名字。

又譬如我和孩子說「三隻小豬」的故事，會故意讀成「從前有兩隻小豬」，孩子就會瞪大眼睛望著我，指著故事書說：「媽媽是三隻，三隻小豬呀！」雖然這年紀的小朋友未必看得懂文字，但因為我時常讀這個故事給他們聽，他們已經記得內容。孩子糾正我，我就可以知道他們的記憶力不錯。

兩歲左右，孩子就能了解很多行為的過程，譬如知道洗澡前要脫衣服。若果我還未幫他脫衣服，就要抱起他放進浴缸，孩子就會抵抗：「媽媽！媽媽！要脫衣服啊！」

孩子能指出你的錯處，就表示他們對事物有正確的了解。譬如你曾經教孩子回家之後要先洗手才吃東西，但當你回到家，還未洗手就去吃東西時，要是孩子不指出你的疏忽說：「媽媽，我們還未洗手！」就表示他們未學懂，需要重新教導。你可以把這個方法套用在不同事情上，譬如做咖哩飯，兩三歲的小朋友能記得過程。你可以把材料放在枱上，說：「我們先切馬鈴薯吧。」但你還未替馬鈴薯去皮。若果孩子記得清楚的話，就會告訴你：「媽媽，我們要去皮啊！」若是他們不阻止你，你就知道上次學習的時候他們未有記住。

如此這般，盡量讓孩子指出我們的錯處。你要為自己做錯事道歉，然後多謝他們的提點，這樣孩子會覺得驕傲，也會在下次學習的時候更加小心，因為他們知道媽媽也會做錯，自己要幫媽媽。在心理學上，最佳的學習方法就是讓學生做老師，我們在家庭教育上也可以用到這個道理。

多讓孩子指出你的錯誤，你就能知道他們真的學會了道理。

15 誘導孩子自己解決問題

一至三歲的小朋友，什麼都喜歡自己嘗試，但因為有很多事情他們還未做得到，所以很多時候都會很煩躁。這是小朋友學習和成長過程的必經之路，所以家長不要看到有問題就立刻為孩子解決，反而應該耐心一點，幫助他們自己解決問題。這樣可以鍛煉他們把已經會的知識和新知識結合，找到解決方法，這個過程會幫助孩子的腦袋成長。

譬如孩子想拾起地上的東西，但他的小手還沒有那麼靈活，拿不起來。這時你不應立刻拾起東西交給孩子，而是應在旁邊鼓勵他們：

「差不多了！差不多了！加油！」當孩子真的做到的時候，不要忘記表揚：「做得真好！嘩！好叻呀！好叻呀！」

學會用手拿東西之後，一歲多的小朋友會開始學習「放手」，就是把手打開，把東西放下。這聽起來好像很容易，其實對孩子來說是一件非常困難的事。放手的時候，東西會掉下，要把東西輕輕放下來，是需要集中力的；如果把東西丟離自己，不但需要力量，也需要知道用多少力。這幾個動作，孩子需要不停練習才能做得到。所以不要幫他做，要讓孩子有機會多練習，那麼就會學得很快。

又譬如，兩歲多三歲的孩子，開始會自己換衣服。當初一定會很慢，家長不要著急，不要幫他很快地穿上，而是應慢慢地鼓勵他。你可以準備容易穿、容易脫的衣服，讓孩子練習。當孩子做到的時候，會覺得很驕傲，也會很高興。

如此這般，讓小朋友親手解決自己的問題和想做的事，不但可以提高他們的自信心和自我肯定能力，也可以幫助他們頭腦和身體的發展。每做到一件事，孩子覺得高興，在腦內就會分泌出快樂荷爾蒙。這些荷爾蒙就是他們學習新事物的最大回報，小朋友記得這個感覺之後，就會自覺地學習不同的東西，訓練自己，成功之後，就可以再次感受到快樂荷爾蒙。但若果你什麼問題都幫他們解決，什麼事都幫忙做的話，孩子的腦袋就會失去了活躍的機會，普通兩三歲孩子能做到的事，你的孩子可能也做不到。所以我們需要讓小朋友自己解決自己的問題。

託人帶孩子的家長也必須告訴照顧者，要多讓孩子自己做事，否則孩子會養成倚賴人的習慣，長不大，沒有自主性。

16 鍛煉記憶力

這個年紀的小朋友，會開始記得做過和看過的事物。利用記憶力和經驗，理解面前的東西和解決問題，就是學習的基本。我們可以鍛煉孩子的記憶力，若他們擁有一份好的回憶，就能重溫那個時刻，得到溫暖的感覺，學會如何安慰自己。

要鍛煉孩子的記憶力，家長可以和孩子談談經歷過的事情。譬如：「那天在動物園，我們看到大象，牠是如何叫的呢？」讓孩子和你一起重溫那個時刻，模仿大象的叫聲；也可以拿有關大象的繪本出來，和孩子分享大象的故事。這樣孩子的腦袋裡，對大象的印象就會更深刻。

也可以跟孩子說，「記得奶奶教你唱歌嗎？我們再一起唱一遍好嗎？」可能孩子根本唱不出那首歌，但當你喚起孩子與奶奶一起玩的情景，他們心裡就會覺得很溫馨，很開心，會隨著你的歌曲回想起奶奶。這樣，孩子的腦袋會用一個訊息帶出美好的回憶，增強記憶力。

也可以和孩子重溫一些體驗。譬如：「那天我們到海邊，你記得海水是冷冷的嗎？」孩子若是記得的話，會點頭。若是記不起的話，你可以說：「下次我們再去，看看海水還是不是那麼冷？」引導他們把過去、現在和未來連在一起思考。這種談話方式可以令孩子學習利用回憶來衡量現在、期待未來。

孩子小時候，我喜歡每天和他們重溫一天的事情。我會先告訴他們我的一天是怎樣的，然後再讓他們慢慢告訴我，他們的一天又是怎樣的。而且我們會互相說出當天最開心的事和不如意的事。這個過程可以令小朋友更加關注他們身旁的事，也可以提高他們的記憶力。

如此這般，家長可以在日常鍛煉孩子的記憶力。記憶力好，不但可以提高學習能力，做什麼事都會輕鬆很多。

17 為孩子的生活創造驚喜

這個時期的小孩子除了要學習每一天必做的事情之外，還需要很多額外的驚喜。因為他們的腦袋正在飛速成長，要接觸更多新事物，才能建構一個鞏固和複雜的頭腦。所以每天只是起床、吃飯，在同樣的屋內、同樣的公園，和同樣的人交流，是不足夠的。媽媽需要想盡辦法給小孩子各種驚奇。

其實對小孩子來說，什麼都是新鮮事。哪怕只是在街上走來走去，孩子已經可以看到很多我們看不到的東西。路旁的小花、葉子上的昆蟲、櫥窗裡面的倒影，都會給他們驚喜。如果你平常是早上帶他們到公園的話，下次可改為傍晚才去，那麼孩子就會發現影子的長短不同。大風天，看到旗子在風中飄揚，孩子就能感受到看不到的風。下雨天，帶孩子到公園尋找蝸牛。炎熱天，為孩子戴上帽子，讓他在外面出一身大汗，也是一種新體驗。每一件事對他來說，都是非常有意義而且值得學習的。

我有一位朋友，常常說「今天太冷」、「今天太熱」、「今天下雨」、「公園太髒」、「人太多」，把孩子關在屋裡。孩子沒機會培養抵抗力，就很容易病；而且害怕與人見面，變得很內向；因為運動不足，食慾不旺盛，個子比較小。所以不要讓孩子每一天都過同樣的、安定的日子，而是應該給他提供數不盡的驚喜。平時在地面玩耍的話，找一天帶他到高處，從上方俯瞰，從不同的角度看不同的景色。早一點起床，和孩子到海邊看日出；早點吃飯。帶孩子看日落。和幼兒玩遊戲也是很重要的事情，藉著遊戲，讓孩子學習如何運用身體和腦袋來達成目的，例如捉迷藏、搖搖板、滑梯，全都是很好的活動。吃東西的時候也是一樣，酸的、苦的、甜的、辣的、鹹的食物，每一種味道都可以讓孩子嘗試一下。當然，孩子會不喜歡某些味道，但他們會知道，食物是有各種味道的，不同的味道可以刺激他們的腦袋。

平凡的每一天不是不好，但這個時期的小朋友，應盡量給他們充滿驚喜的每一天。從中，父母也會隨著孩子得到很多新的體驗，重新發覺世上有很多神奇美妙的事情。享受每一天，給孩子無限量的驚喜吧！

第3章

培養同理心

18 引導孩子關懷他人

這個時期的孩子很喜歡模仿別人。要教孩子關懷他人，最容易的方法就是家長以身作則，做一個好榜樣。

譬如，孩子起床，你可以親親他們的額頭說：「早晨！」孩子就會知道這是一種關懷的表現。你可以說：「去跟爸爸說早晨吧！親親爸爸吧！」讓他們把關懷帶給其他人。孩子跑來跑去玩累了之後，你抱著他們，輕輕摸他們的頭說：「累了嗎？肚子餓了嗎？」慢慢地，他們也會學到，在你疲倦的時候來身邊安慰你。

坐公共交通時見到有老年人，你可趕快讓座，孩子看了也會學習。有人在哭，你去安慰那人，孩子也會模仿。希望孩子能夠關懷他人，你就是最好的老師。要是家長自以為是，驕傲自大，旁若無人，時常發怒或罵人，孩子也會學習到這種態度。

我們都希望孩子成為一個善良、有同理心的人，那麼無論家長在當父母之前是如何待人接物，在孩子面前，為了孩子，家長需要改變。

關懷別人不但對方受益，也能夠令自己的心靈更加豐富，更加滿足，人生更加有意義。這些基本的人性，需要在幼兒期打好基礎。

所以很多家長都說，當了爸爸媽媽之後，自己的性格也變得更溫柔，更能夠了解其他人的痛苦，更加懂得關心他人。這些都是孩子給我們的好機會，讓我們變成一個更可親、更善良的人。

孩子小時候，每當我做完工作回家，就會抱著孩子，從頭到腳地吻他們，好像雨水打在臉上和身上一樣。我們笑在一團，孩子會忘記一天的寂寞，我也忘記一天的疲勞。我問他們，肚餓了嗎？他們會問我，媽媽累嗎？互相關懷，感受到家庭的溫暖。你可以用你的方法去表達如何關懷別人，你的孩子一定會模仿你，變成一個心地善良而堅強的人。

19 「請」和「多謝」

在英語圈，有兩句話是家庭教育的基本。第一句是「please」，意思就是想人家幫忙的時候，要有禮貌地說「請」、「麻煩你」、「唔該」等等。另一句就是「thank you」，得到別人的幫助、關懷，或收到別人送的東西時，不能忘記說「多謝」。

我喜歡這個基礎教育，因為可以培養孩子感恩之心。無論事大事小，請人家幫忙做事的時候都應該有感恩之心，要提醒孩子沒有東西是應得的，所以一定要說多謝。

日常，家長可以請小朋友幫一些小忙。「請你幫忙把這丟進垃圾桶。」孩子做好之後要說：「很多謝你幫媽媽啊，令媽媽輕鬆多了。」這樣做可以令孩子感到驕傲，又能讓他們感受到助人為樂的滿足感，和被人道謝時的喜悅。

重複這樣鍛煉孩子，他們習慣後，會自發幫助你。每一次都不要忘記說多謝，表示有他們的幫忙，你很高興，他們是家庭裡很有用的一分子。

反過來說，當孩子對你有什麼要求的時候，也要教他們說「請」。譬如孩子說：「媽媽給我水。」那麼你就得教他們：「要先說請呀！

你應該說，媽媽請給我一點水。」孩子說對了之後，你把水準備好，先問問：「要先說什麼呢？」等待孩子說「謝謝」之後才交給他。

帶孩子上街，也不要忘記教他們時常說「請」和「多謝」。買東西時，可教孩子說：「請你給我這個。」東西拿到手，要說「多謝」或「唔該」。讓孩子習慣成為一個有禮貌和知道感恩的人。

很多家庭都會聘用工人姐姐幫忙做家務，當家長的應該以身作則，對工人姐姐也說「請」和「多謝」，給孩子立一個好榜樣。

「please」和「thank you」這基本的禮貌，一至三歲學好後，一生得著。

為了鍛煉孩子有感恩之心，孩子小的時候，當我帶他們到公園，會問：「花朵漂亮嗎？」他們會說：「很漂亮。」那我就說：「一定要感謝種花的人哦！也要感謝太陽和雨水。沒有人打理花朵，沒有大陽和雨水，花朵就不會這麼漂亮了！」孩子雖年紀小，但一遍一遍重複說，他們會理解的。

記得有一次我們到郊外，看到有稻田，我就對孩子們說：「一定要多謝種田的農夫，否則我們就沒有米飯吃了。種田是很辛苦的哦！來，我們一起說感謝！」然後就和他們一起說：「多謝農夫叔叔！」後來每逢我們見到稻田，孩子們都會說：「多謝農夫叔叔！」

大兒子兩歲左右，有一天晚上，我們去散步。我指著街燈告訴他，「街燈很明亮呀！真好。這是因為電燈公司的叔叔每天都很忙碌地工作，才有街燈照著我們。所以一定要感謝電燈公司的叔叔呢。」孩子點點頭，好像明白我在說什麼。大兒子三歲多的某一天，我們回家時，街燈壞了，黑漆漆的看不清楚。過了一天，街燈修好，我們去散步時，孩子指著街燈對我說：「媽媽，電燈公司的叔叔把街燈修理好了！真多謝叔叔！」我聽到他這樣說真的很安慰，三歲前教孩子的東西，他真的記好了。

有感恩之心才會有滿足的人生。

孩子懂得知恩、感恩和報恩，才會有幸福的日子。即使只有一至三歲，也可以在無意識之中教導他們擁有一顆感恩之心。

20 帶孩子到博物館、美術館、動物園、水族館

從孩子開始走路之後，我就常常帶他們去看美術館、博物館。那麼小的孩子，可能你覺得他們還未懂得欣賞美術品或博物館的藏品，其實我也不知道他們有多理解，但我希望能培養他們對藝術品的欣賞和審美眼光。

孩子雖然年紀小，看到美麗的東西時也會感動，甚至興奮，做出

「嘩！好漂亮！」「啊！那是什麼？」等反應。我希望為孩子的人生增加更多感動的瞬間，他們看到作品時，有一種無法言喻的，但非常感動、興奮、舒服的感覺，這就是藝術，這對孩子的情緒成長也有絕大的好處。而且每一幅畫、每一件藝術品或歷史文物，背後都有很多故事，多讓孩子接觸文物，可以培養孩子對歷史的興趣，對世界各地不同民族、不同文化的理解。

當我帶孩子到博物館或美術館時，他們都會東張西望，好像有點不知所措，這裡有太多東西，太豐富了，吸收不盡的樣子。

我很想進入他們的小腦袋，了解一下他們在想什麼。我知道在他們的腦袋裡，有很多突觸在不斷成長，因為很多平常不能接觸到的東西，都能夠在美術館和博物館看得到。這能幫助孩子的腦袋得到無限的情報，建立一個更發達的腦袋。

不知道是否因為在幼兒期時已經常常帶孩子去看藝術品，現在他們也非常喜歡去美術館和博物館。除了吸收知識，也可以享受藝術家的精心傑作。

除了美術館和博物館之外，動物園和水族館也是帶小朋友去的最佳地方。

大兒子喜歡海洋生物，所以差不多全日本的水族館我們都去過了。他是海洋生物的小博士，時常參考相關的書本，灌輸知識給我們。動物園也是孩子們最興奮的地方，只在書中見過的不同動物，在這裡都活生生地站在眼前。幼兒期的孩子特別喜歡動物園，因為他們好奇心旺盛，動物能刺激他們的腦袋，令他們無比興奮，分泌出幸福荷爾蒙，感受到快樂和滿足，覺得世界是美好的。

大兒子也常常帶他的女兒到動物園、植物園，就好像他小時候跟我一起去那般，一代傳一代。希望所有小朋友都能夠享受到文化和傳統的好處。

21　接觸自己的文化

每一個人都需要找到自己的定位，就是要認識自己。幼兒期的小朋友，雖然還未達到自我認同的階段，但也可以開始讓他們接觸自己的文化。

譬如可以教他們一些中國的詩詞。兩歲多三歲的小朋友，已經能記得簡單的歌曲和詩詞。雖然不能了解全部的意思，但會在腦袋裡留下記憶。那麼當他們長大，真的明白詩詞歌賦的內容時，就會對自己感到驕傲，增強自我肯定能力。也可以帶他們去看一些傳統表演，譬如粵劇、民族舞蹈等等。讓孩子從小接觸和自己有關的文化，這份記憶會讓他們有歸屬感。

我也鼓勵家長盡量在家裡慶祝所有和傳統文化有關的節日。例如春節、清明、端午節、七夕、中秋節、重陽等等。你可以給孩子解釋這些節日的背景、故事和歷史，一起品嚐慶祝節日的食物，讓孩子知道知道自己是一個悠久文化中的一分子。我喜歡給我的孩子穿上民族衣服，例如長衫馬褂來拍照，他們都很喜歡。而因為他們的爸爸是日本人，所以我也會為他們穿上和服，讓他們知道他們是跨國界的雙文化兒童。他們現在看到幼兒期自己的照片，也會覺得特別有意思。在無意識之中，孩子會愛惜自己的文化。

文化是我們所有知識的根源，早點讓他們接觸，令他們覺得自己是歷史的一部分，日後就不會因為身份認同的問題而產生迷惘。作為聯合國兒童基金會大使，我時常會去探訪在戰爭或貧窮地方生活的兒童。很多兒童失去了家園甚至父母，連自信心也完全失去了。但當我們教他們認識自己的文化，譬如一些民族舞和歌曲的時候，他們就會好像找回自己的身份，自信心也會提高。

當人失去所有東西的時候，有什麼是沒有任何人能拿走的呢？那就是你的民族文化和歷史。讓小朋友從小對自己的文化有歸屬感，可以支持他們在最困難的時候找到自己。

22 讓孩子感受季節的變遷

一年有四季，讓孩子感受時間的轉變，理解季節的變遷，是一件非常有意義的事。春天的雨，夏天的海，秋天的楓葉，冬天的雪。不但可以欣賞到自然界的美麗和不可思議，季節的轉變更可以協助這年紀的孩子腦袋成長。

雖然孩子還小，也會因為看到美麗的東西而感動。記得第一次帶孩子到海邊，他被海浪嚇怕，用腳尖碰到海水，很驚訝，顫抖起來了。但習慣之後，他追逐海浪，和湧上來的波濤對抗，又浮在海上，快樂得很。長大後當他學習什麼是浮力、水力時，這些經驗都會變成知識的支柱。

孩子第一次接觸到雪，看到白白的雪花飛舞，覺得非常神奇。張開手，想把所有雪花擁抱。接著飄下來的雪，雪融化、消失了，孩子充滿疑問，挑起好奇心、學習心。秋天和孩子看楓葉、撿楓葉，告訴他們這是樹木為了過冬而做的準備。楓葉飄下來，孩子的眼睛追著楓葉，很可愛。撿到最美麗的楓葉，回家後夾在書本裡當書籤，把回憶留下來。春天下雨了，帶孩子去掃墓，告訴孩子祖先的故事。看到各種花朵盛放，教孩子感謝雨水。看到孩子合著小手拜祭祖先，瞇瞇眼的向雨水微笑，太美好了。櫻花盛放的時期，我會帶孩子們去賞花，花瓣落下，猶如鋪了一張櫻花瓣做成的地毯，孩子在上面亂跑，花瓣飛舞，美不勝收。

從小讓孩子接觸到各種美麗的情景，到他們長大後，每看到這些情景，都可以紓緩壓力，忘記煩惱，得到安慰。成長在香港，我特別喜歡海。無論是碼頭的海或是沙灘的海，只要到海邊，我就可以忘記煩惱。所以當我覺得壓力太重，不能忍受的時候，我就會散步到海邊，看著海洋，紓緩緊張的心情。我也喜歡游泳，尤其在夏天的黃昏，海水是暖暖的，我覺得好像被大海擁抱著，不再寂寞，所有煩惱都好像被海水沖走了。這可能也是因為從小，爸爸媽媽就時常帶我們到海邊，我有這份記憶，現在長大了也可以重溫。

一至三歲的記憶，很多都是無意識地儲存在我們腦中。在孩子心裡，這些就是無價之寶。盡量為他們創造多一點美好的回憶，欣賞季節的變遷，可以幫助孩子找到他們最需要的定心丸。

23 一起培養動植物

教導孩子時，特別難的就是有關「生老病死」的觀念。生物始終會有結束的一天，在幼兒期也可以開始教導孩子這一點，最好的方法就是和孩子一起培養一些小小的動植物。

譬如金魚。金魚的生命不長，突然有一天，孩子會見到金魚翻著肚浮在水面。「媽媽！金魚怎麼樣了？」你可以告訴他們：「我們有緣份遇上牠，好感恩，但牠的生命已經結束了。我們把小金魚埋葬了好嗎？」小孩子看到生命結束，當然有點傷感，也有點不大理解，但這是個機會，讓他們知道只能接受現實。

我們家裡有一株橙樹，每年都有蝴蝶在葉子上產卵。孵化成小毛蟲後，我們會小心地把牠們帶回家裡，否則在外面很多時會被鳥兒吃掉。我們把葉子摘下來，餵給小毛蟲吃，養大牠們。小毛蟲會變成青色的、肥肥的蟲，之後再做一個蛹，藏在裡面。到成蟲的時候，破蛹而出，變成漂亮的蝴蝶。孩子們每年都會期待這一刻。「媽媽，媽媽，蝴蝶出來了，快來看！」但蝴蝶出來時，不能立刻起飛，因為它的翅膀仍是濕的。等待翅膀乾了，蝴蝶飛起來的時候，孩子們會很感動，歡呼拍手。很奇怪，蝴蝶飛走之前，都會繞一個圈，好像在多謝我們養育之恩一般。孩子們會向蝴蝶揮手：「拜拜，記得回來產卵啊！」我們每年都會這樣做，孩子們非常期待小毛蟲長大、成蛹、化蝶，然後飛走。這個過程可以讓孩子們領會生命的循環，有始有終。

我也和他們一起種蔬菜。譬如番茄、茄子等等，都是夏天成長得很快的蔬果。成熟後摘下，做成料理，並告訴孩子，「茄子貢獻了生命給我們，現在它們已是我們的一部分。生命就是這樣，互相支持。」孩子還小，可能不太明白，但他們也會感受到生命的成長、結束和互相支持的理論。

所以我鼓勵家長和孩子養動植物。若是家庭能夠負擔的話，可以養小狗小貓，讓孩子感受到其他生命的可愛。因為我其中一個孩子有敏感，所以我家不能養貓狗，但我們會養烏龜、蜥蜴等等。其他動物的生命沒有我們那麼長，孩子們可以從中慢慢學到，活著的東西總有一天會離開，不知不覺認識生命的真理。

24 教孩子欣賞音樂

音樂對孩子的成長有很多好處。從小讓孩子接觸各種音樂，讓他們找到最能安慰自己的一種，終生受用。有些家長喜歡訓練小朋友欣賞古典音樂，也是一種方法。

在我家，則是給小朋友認識全世界的搖籃曲和童謠。他們可以跟著唱、跟著跳，樂曲的內容也非常適合小朋友。大兒子誕生時，我收集了全世界的童謠和搖籃曲做了一套專輯，時常放給孩子聽，也會和他們一起唱。這就是他們的童年回憶。我的媽媽也時常唱歌給我們聽。媽媽唱的童謠有很多已經失傳，但仍然留在我的記憶中，所以當我做專輯的時候，把那些歌曲也錄了進去。

音樂可以幫助腦袋和情緒的成長。音樂的旋律節奏能調和腦波，讓孩子分泌出快樂荷爾蒙。聽到喜歡的音樂，我們能夠得到安慰，不同類型的音樂也會令我們覺得興奮，覺得快樂，覺得悲傷，感受到很多不同的情緒。小時候聽過的音樂，長大之後能夠勾起回憶。在什麼都沒有的地方，唱自己喜歡的歌曲，也能夠自我安慰。幼兒期的小朋友聽了音樂，都喜歡搖擺身體。所以聽音樂也是一種運動，非常有益。有專家認為，多聽音樂的小朋友，腦袋會發展得更好，更聰明；更有專家提出有些音樂能夠提高集中力。但不是所有專家都贊成這些意見，所以只應作為參考。

家長不應期待聽音樂能令孩子更加聰明，而是希望音樂能帶給他們快樂，讓他們有多一個方法欣賞這個世界，享受時間。在這個時期，我們可以讓小朋友嘗試學習樂器，例如用小鋼琴彈出音階，或敲響小鼓，讓孩子接觸旋律。孩子對音樂有親切感之後，再學樂器就會比較容易。研究證實，學樂器能夠促進孩子腦袋和身體的協調，也可以培養記憶力，是非常好的活動。

我們要注意，不是每一個小朋友都喜歡音樂的，要是他們不喜歡，就不要逼他們學。但大部分小朋友聽到輕快的音樂都會很高興，日常多給他們聽是一件好事。

最理想的就是你自己唱給孩子聽，因為你的聲音對他們來說，就是最能得到安慰的音樂。無論你唱歌好不好，完全沒有問題。因為對小朋友來說媽媽就是最好的音樂家。選擇一些你會唱的歌曲，時常唱給孩子聽吧。有些小朋友會隨之起舞，有些小朋友聽到媽媽唱情歌，甚至會落淚。通過音樂，你可以讓他們感受到各種感情，令孩子變成一個感情豐富的人。每一位媽媽都是孩子最好的音樂老師，不需要倚靠別人，用你的聲音已經十分足夠。

我讓我的孩子學鋼琴，因為可以鍛煉他們用頭腦、用手、用腳、用眼睛、用耳朵去完成演奏，是一種高度的訓練。大兒子和三兒子都沒有成為音樂家，但二兒子在史丹福大學一面攻讀工程，一面攻讀音樂，現在是一位業餘的音樂家。他創造的音樂令很多人得到安慰，有他獨特的風格。雖然他不是一位全職的音樂家，但音樂佔了他人生裡一大部分，所以從小給他學鋼琴，教他彈結他，完全沒有白費。

在動物的世界裡，只有人類能創造音樂，和從音樂中獲得各種感受。音樂是我們心靈的潤滑劑，令我們的每一天過得更美好。所以我鼓勵家長從幼兒期開始，多給孩子們接觸音樂。

25　培養孩子的幽默感

有幽默感的人往往會得到很多人的喜愛。而且在任何場合也可以帶給人歡樂。他們不但自己會說笑話，也懂得欣賞其他人的笑話，甚至把一件尷尬、難過的事，變為開心滑稽的事。鍛煉孩子的幽默感是非常重要的，這樣他們就會成長為一個受歡迎的人。況且開心大笑對身心成長都有很好的影響，一個充滿歡笑的家庭，就是孩子成長的理想家庭。

幽默感也分很多種，譬如「黑色幽默」就是以嘲諷的方式來開玩笑。這種幽默感在朋友之間可以理解，但有些時候仍然會得罪人，所以我不太贊成培養小朋友以取笑人家作為笑話。但開朗的幽默感是非常可人的。如何培養孩子的幽默感呢？那不是天生的，需要環境培養。若是爸爸媽媽很有幽默感的話，小朋友自然也會學習到。但若是媽媽爸爸都比較嚴肅，想小朋友擁有幽默感，就一定要訓練了。

有些方法可以幫助小朋友培養幽默感。一歲多的小朋友很喜歡看鬼臉，家長可以扮一些古靈精怪的鬼臉來引孩子笑。慢慢他們學會後，也會扮鬼臉來引人笑。這就是鍛煉幽默感最初步的方法。家長也可以找一些有趣的書本和孩子一起看，當發現有一些笑話是他們特別喜歡的話，你可以繼續找同類的笑話，讓大家大笑一場。這也是一個好方法。

小朋友看到人家做錯事時，也會覺得有趣。家長可以刻意做錯一些事，引孩子笑。譬如你去開門，明明門是拉的，你去推，打不開。又譬如，食物是放進嘴裡吃的，你卻企圖塞進鼻孔或耳朵裡，這個年齡的小朋友也會大笑。如果孩子知道你是在刻意搞笑，就表明他已經開始有幽默感了。有幽默感的人，可以開自己的玩笑，這是自我肯定能力的表現。所以我們要從小培養小朋友高度的自我肯定能力，那麼當被人家拿來開玩笑的時候，也不會覺得難為情，反而可以取樂大家。這種的幽默感不但令孩子容易交朋友，也顯得孩子有自信，不會小氣，大方得體。

我們家每晚都會坐下來聽爸爸講故事，是爸爸創作的主人公是「放屁大郎」，故事很滑稽，我們都捧著肚子笑個不停。孩子會要求爸爸「多說一點！多說一點！」家裡充滿笑聲。一至三歲的小朋友可能不懂得說笑話引你笑，但能學會欣賞別人的笑話。培養小朋友的幽默感，不但可以令孩子性格更開朗、更有親和力，更能令家庭生活充滿陽光。

26 接受差異

幼兒期的孩子不會歧視別人，歧視都是在成長過程中學會的。所以我們要小心，不能讓身邊的大人或自己教壞了孩子。

在美國的公園，我曾經見過有一位白人媽媽，當她的孩子想和黑人小朋友玩耍的時候，她立即把孩子拉開，帶到別的地方玩耍。也有中國人媽媽見到孩子想和中東小朋友玩耍的時候，告訴孩子不要跟那小朋友玩。不知不覺中，大人向小朋友灌輸了歧視的觀念。希望大家不要這樣做。現在是國際社會，我們需要接受所有文化、所有差異，好讓孩子明白每一個人都是平等的。

但很多時候，我們連自己也無法察覺自己做得不對。當我在史丹福大學攻讀博士學位時，我的大兒子也在校園內的幼稚園上學。那所幼稚園的小朋友、家長大部分都是從世界各地來史丹福大學讀書的。幼稚園就像聯合國一樣，從世界各地來的小朋友集合在一起。

有一天我問孩子：「那個時常和你一起玩的女孩是從哪裡來的？她是什麼人？」孩子沒有答我。我重複問他時，他想了一會才說：「我不知道呀！媽媽為什麼你這樣問？她是一個好孩子，從哪裡來沒關係啊！」我突然醒覺，就如孩子所說，女孩從哪裡來、是什麼人，根本不重要。重要的只是她和我的孩子合不合得來，是否一個好孩子。但我們大人就是好奇，想知道她從哪裡來、她的背景、她的爸爸媽媽是誰等等。雖然我並不是歧視，但我著眼的地方和孩子不同，我感到很羞恥。我對孩子說：「是媽媽問錯了。她從哪裡來、是什麼人完全沒關係，只要你喜歡就好了。」孩子教了我非常重要的一課。

往往我們喜歡先把人分類，然後才去理解那個人。但我們不應該用簡易的分類方法去了解他人，應該首先看那個人的本質。幼兒期的孩子比我們更能包容別人，接受差異，所以絕對不要給他們壞影響，反而要向孩子學習，包容所有差異，祝福所有生命。

27 為孩子建立友誼

從一歲半開始，孩子會對其他小朋友感興趣，和自己身高差不多的小朋友會讓他們覺得親近。從這個時期開始，家長可以積極介紹其他小朋友給孩子認識，讓孩子習慣與他人在一起。

一開始，他們可能不會一起玩耍，只是看著對方。慢慢到兩歲左右，交流就會多很多，也會開始有特別喜歡的對象，感情豐富的幼兒會開始擁抱、親吻其他小朋友。也有些害羞的幼兒會堅持一個人玩耍，這不是大問題，但盡量讓幼兒和其他小朋友交流，可以提高他們的社交能力，日後上幼兒園或幼稚園時就不會那麼驚慌。

有兄弟姊妹的小朋友會比較有親和力，不會對其他小朋友產生抗拒。若小朋友是家中獨子，家長就應努力找其他小朋友和他玩。日本媽媽喜歡帶小朋友到公園交朋友，在香港如果住的地方不怎麼和左鄰右里交流，就比較困難。媽媽可以嘗試找親戚、朋友或舊同學等，看看他們家有沒有小朋友，邀請他們跟孩子一起玩。

小朋友之間的交往，要鼓勵孩子守秩序，愛護其他小朋友，慷慨分享，不能使用暴力。規矩和禮貌，是訓練人與人之間關係的重點，希望孩子在媽媽看不見的地方也能夠自制。教導孩子什麼是應該做和不應該做的事，增加小朋友的見識。

有些小朋友天生大膽，有些小朋友比較內向，但無論他們性格如何，也需要和人交往。在幼兒期給孩子多一點表達自己和理解他人的經驗，這樣當孩子上幼稚園的時候，就能夠發揮自如，有自信心，不會不知所措。

有些孩子，因為幼兒期大部分時間都和大人在一起，所以不願意結交其他小朋友。而且大人都會讓著他們，他們所有要求都能滿足，但小朋友之間的交流需要學會分享、尊重和秩序，有些小朋友不習慣，因為無法「唯我獨尊」而不開心。

讓孩子交朋友，就是要教他們「give and take」——付出和接受的道理，讓孩子知道自己不是世界的中心，要和其他人共處。趁幼兒期讓他們明白這個道理是很重要的，否則以後要改變，就要付出更多努力。所以盡量讓孩子早點接受社交的洗禮，知道世界上有其他和他一樣的孩子，共榮共存。

28　不讓孩子孤獨

在香港，很多家庭都是把小朋友交給菲傭帶的。我去附近的公園散步，常常可以看到很多幼兒期的小朋友和菲傭在一起，菲傭們自己顧著談話，小朋友坐在嬰兒車裡望著天空。我覺得很難過，因為其實零至三歲是腦袋發達的黃金期，就這樣放置不理會，小朋友的腦袋成長不會太理想。

有時候我坐公共交通，也會看到菲傭帶著小朋友一起，她們一直看著手機或和其他菲傭談話，孩子坐在旁邊無所事事，這也是非常可惜的。我們希望孩子能夠有更多交流，刺激腦袋的成長和鍛煉他們的社交能力。但在這個情況下，孩子的世界是孤獨的。雖然旁邊有很多人，但他們只是一種附屬品，沒有人理會。無論在什麼年紀，我們都不能讓小朋友變成一個孤獨的人。

我們一定要請照顧者和小朋友多交流，多說話，讓小朋友知道照顧者是他們的好伙伴。若果爸爸媽媽回家後也很忙，沒時間好好和小朋友交流的話，幼兒期的小朋友就會被關在一個不能表達自我，亦沒有人關注他的孤獨世界。這個時期的小朋友需要很多關注才會相信別人，才會覺得自己有價值，才會理解這個世界。所以我們要很小心，不要讓小朋友變為一個孤獨的人。

「孩子還小，什麼都不懂，大一點才慢慢教吧！」這種想法是錯的，幼兒期是小朋友成長的黃金期，而且小朋友在這個年紀學到的東西，很多都是無意識的，要改變是非常困難的。若孩子記憶中都是美好的事，他們的人生從開始就是非常美滿的。若幼兒期的記憶都是不開心的話，人生就會有一個非常孤獨的開始。所以在這個關鍵時期，不要讓你的小朋友覺得孤獨，盡量找多點時間和他們交流。

和照顧者在一起的時候你可能控制不到，那麼當你回家之後，就一定要多與小朋友交流。我在小朋友一歲半之前，都是帶他們一起去工作的，之後才把他們交託給照顧者。而且每天晚上回來，我也會一直和孩子交流，到他們睡覺為止。我不和朋友上街，不去喝茶，不去美容院，不去音樂會……所有時間都給了孩子。因為這個時期一去不返，後悔也來不及。黃金期只有這三年，雖然之後也可以補償，但非常不容易。

所以在這三年的黃金期，要留給孩子美滿的回憶和充滿愛的世界，讓他們的人生有一個好開始。不要當他們是洋娃娃或者物件、附屬品，他們每一個都是渴望關注、渴望愛的小天使。孩子長大後會變成怎樣的人，這三年的記憶有決定性的影響。正如聯合國兒童基金會的研究指出，最初的一千日是人生的關鍵時期。無論你有多忙，到小孩子三歲為止，盡力和他們交流，讓他們的人生有一個好開始吧！「愛在起跑線」，這句說話永遠是對的。

第 4 章

要小心的事項

29　不要只說不可以

對這時期的孩子來說，什麼都是新鮮事。他們不知道什麼應該做或不應該做，所以很多時候都會做出一些家長不同意的事。當孩子做錯事時，家長要站在孩子的立場，理解孩子的感受和這樣做的原因，不要只說「不可以」或用可怕的表情來責怪孩子，因為他們不是故意犯錯的。

譬如，這時期的孩子因為未能夠用說話表達自己的要求，當他們需要大人關注時，就會用尖叫或狂哭代替。很多家長只會說「不要哭！」「不要叫！」但其實哭和叫都是孩子的表達方式，不是故意吵鬧，孩子有所要求才會發聲。家長想孩子停止哭叫，就要先找到哭叫的原因。所以你的反應不應該是「不要哭」、「住口」，而是「不用哭」、「不用叫」、「告訴媽媽你想怎樣？」

但既然孩子用語言說不清楚，你單單問也是得不到答案的，所以還要提供一些選擇，譬如「是不是太熱？」「是不是太冷？」「是不是肚子餓了？」「是不是想睡覺？」「是不是想回家？」「是不是要媽媽抱？」等等。這時期的孩子能理解簡單的說話，會用點頭或搖頭告訴你。知道孩子哭的原因，可以當場解決的就當場解決。冷熱是原因，可以加衣減衣，餓了可以吃奶，等等。不可以立刻做到的事，就好好解釋給孩子聽。「巴士未到，到了就可以回家。」「媽媽兩手都是東西，抱不了。我們坐下休息，等你走得動才回家吧。」等等。雖然年紀小，只要你耐心為他們解釋，其實孩子會平靜下來的。

更重要的一點是，如果不可以尖叫，又不可以哭，那孩子應該如何表達自己呢？所以，你要教孩子另外一些方法。

譬如你可以說：「不用哭，不用叫。你揮揮手，媽媽就會知道。」「可以拉拉媽媽的裙子。」「不需要大聲，用小聲說。」「在媽媽的耳邊小聲說。」等等。跟孩子一起練習這些方法，反覆教導之後，孩子就不會再經常尖叫或狂哭。

我的大兒子大約一歲半左右，當他尖叫的時候，我會告訴他：「不需要尖叫，用小聲試試看。」我請他給我聽他的小聲，練習了幾次，他真的可以小聲叫我，我每次都稱讚他。這個方法很有用，我另外兩個孩子都是用這個方法教導的。所以三個孩子都不會尖叫，帶他們出外也不會有尷尬場面。

孩子做錯事也是同樣的道理，可以用同樣的方法。譬如小朋友吃飯的時候把食物掉到地上，當家長的就會很生氣。「不可以浪費食物！」「不可以丟食物哦！」

這個年齡的小朋友，正在練習用小手拿東西和丟東西。對他們來說，這是一個里程碑，所以吃飯的時候也會把東西丟出去。你可以幫助孩子理解什麼東西可以丟，什麼東西不可以丟。食物是不可以丟的，但波波可以。慢慢解釋給孩子聽，很快他們就會明白。「吃完飯再練習好嗎？」讓孩子先把飯吃好，然後給機會他們練習丟東西。所以千萬不要只說「不」，要教他們如何表達自己，和選擇其他方式去做他們想做的事，否則孩子只知道做這件事媽媽會生氣，所以不做，但因為不知道為什麼，所以媽媽不在的時候又會再做。甚至有些孩子發現每逢自己做那件事，媽媽就會憤怒，很好玩，當成一個遊戲，故意做來惹媽媽生氣！這樣，孩子就學不到什麼是對的，什麼是錯的，反而學到怎樣惹你生氣，變成一個惡性循環。孩子越淘氣，家長越生氣，但雙方都未學到如何了解對方。

所以家長要小心解釋給孩子知道，為什麼不可以做，而且有什麼其他方法可以滿足要求。

30 不要罵，更不要動手打孩子

「孩子不打不會聽話！」「一定要知道痛，以後才不敢再做！」我常常聽到這些話，但其實打罵孩子，對他們的身心有重大的傷害，不要相信打罵是唯一教導孩子的方法。

當一個人感到壓力、恐慌或焦慮的時候，身體會分泌出壓力荷爾蒙。壓力荷爾蒙原本可以幫助人渡過危機，但對這時期的小孩子來說，反而會阻礙腦袋的成長。

其中最常見的壓力荷爾蒙就是皮質醇（cortisol）。當孩子被責罵或受到體罰時，身體就會分泌出皮質醇，只要少量的皮質醇就可以提升孩子的警惕和能量，讓他們能保護自己。但若果時常受到打罵，不斷分泌出皮質醇的話，會降低孩子的免疫力，血壓上升，甚至會引發肥胖的傾向，孩子長大後容易有心臟病等的問題。在幼兒期，更會影響他們的腦袋構造，導致學習能力、記憶力和思考力都會下降，甚至停止成長。

其次，在心靈上，打罵孩子也會對親子關係造成不可挽救的壞影響。這個期間的小孩子，很多學習都是無意識的。即是說，長大後是記不起如何學會的。無意識學習的東西很難改變，但會一直影響孩子的心理。幼兒期受到的痛苦，會在孩子心靈中變成沉痛的影子，有時會令他們不再相信別人，有時會令他們利用暴力達到目的，有時會令他們覺得無力，討厭自己也埋怨別人。得不到父母無條件的愛，是非常可憐的一件事，其實社會上也有很多人，因為小時候受到打罵，長大後對人對事的態度都不理想。

孩子知道，他們需要你的照顧，而且他們還小根本不能還手，在無可奈何和找不到出路的情況下，被你打了，也只好默默忍受。每次受到懲罰，就趕快道歉，希望你停手。孩子道歉了，家長以為孩子學會了，就覺得事情解決了。但孩子是否真的明白了呢？他們可能只是怕痛才認錯，但其實還未分清是非黑白。所以家長需要好好和孩子解釋，「為什麼不要做那件事」，否則就浪費了一個教導孩子的好機會。打不是教育，只是懲罰。真正的教育是讓孩子明白為什麼不能做，要他自願自發地不再重複。否則，家長不在場的時候，孩子就會再次犯錯。

打罵孩子，百害無一利。我鼓勵家長絕對不要用打打罵罵的方法教孩子，否則後果不堪設想。

31 危險的手機保母

在街上或車上，當孩子不安靜時，家長往往會給小朋友一塊平板電腦或手機，讓孩子被畫面吸引，安靜下來。這種「手機保母」的現象令人擔心，尤其是對一至三歲的小孩子來說，他們的腦袋和身體正在快速成長，手機和平板的濫用對他們的身心發展都有壞影響。

美國的小兒科醫生協會指出，兩歲之前不應該給孩子接觸任何電子產品屏幕，避免危害小朋友健康成長。手機保母的確可以減低家長的負擔，但最終必然是得不償失的。

這個時期的小朋友需要和父母、朋友多交流，多觀察真實的事物，以促進五感發達。觸覺、味覺、嗅覺、聽覺和視覺的體驗，是健康成長的重要環節，這些都是手機提供不到的感覺。五感敏銳的人，頭腦也靈活，想像力也豐富，吸收知識的能力也高。從小只在畫面中尋找娛樂的小朋友，社交能力會比較低，面部表情不足，不能表達自己的想法，甚至不能理解對方的非語言交流，不願與人接觸，難以交到朋友。手機保母剝奪了孩子學習打發無聊的能力，甚至導致孩子不能控制自己的情緒，喜怒無常。可想而知，家長絕對不希望自己的小朋友變成這個樣子，一時的安逸，可能會危害孩子一生，真的要小心。

當然，互聯網是不可避免的現實。孩子早晚需要學習如何正確利用互聯網獲得知識。但在零至三歲的成長關鍵期內，不用急於讓孩子懂得這些技術。最重要的，是讓孩子有一個健康成長的環境，手機和平板都會對此造成障礙。

32 關注照顧者的道德觀念

父母都要工作的家庭，上班時多會把孩子交給傭人或祖父母照顧。因為這個時期的小孩子會模仿身邊的人，所以要小心照顧者的道德觀念是否和你保持一致。

我有位朋友，家中保母教孩子說謊：「媽媽不給你吃糖，我給你吃，但我們不要告訴媽媽。媽媽問你的時候，你就說沒有吃。」「媽媽說不能看電視，但我們一起看。不要告訴媽媽，媽媽問你就說沒有看。」兩人有很多秘密，孩子也學會了在媽媽面前說謊。

他們家裡有一位菲律賓姐姐，保母則是中國人，對姐姐的態度非常差，還告訴孩子：「他們都是野蠻人，不需要對他們好。」孩子因此學會了歧視，有時會打姐姐，用險惡的態度對待她。

家長看到覺得很奇怪，這是從哪裡學的呢？孩子還小，不能解釋。父母問菲律賓姐姐才知道，是保母教孩子的。姐姐更告訴家長，他們不在的時候，孩子會吃糖，也有看電視。父母這才知道保母的道德有問題，急忙換了人，還在家裡安裝閉路電視，以後小心觀察保母和孩子之間的交流。但保母對孩子的影響已經很深，要重新教孩子做一個誠實善良的人並不容易。所以家長一定要小心，不要讓照顧者教孩子做壞事。

即使是親人，道德觀念也可能和你有出入。我有一位朋友，她是和平主義者，不會給孩子玩模仿武器的玩具。她和孩子的關係很好，孩子有什麼事都會跟她說。朋友有一位妹妹，有些時候會來幫忙帶孩子。有一次朋友出差，妹妹來當保母。朋友出差回來，見孩子的情緒好像有點不穩定，於是問孩子發生了什麼事。孩子拉著媽媽到房間，指著床下的盒，媽媽打開一看，是玩具槍！媽媽問：「是姨姨買的嗎？」孩子點頭，拿起玩具槍向爸爸開槍，爸爸難過極了。

朋友很生氣，妹妹明明知道她的教育方針，卻偏偏要反其道而行，買玩具槍送給孩子。她不知道如何處理這個問題，面對著兩歲多的孩子，迷惘了。後來她再三教導孩子，強調武器不是玩具，不能以戰鬥和傷害人為娛樂，從此也不再邀請妹妹來帶孩子了。

可見，照顧者對孩子的影響是很大的。唯有從小向孩子灌輸正確的道德觀念，希望他們能夠自制，保護自己。但這年紀的小朋友最容易受影響，所以真的要小心。

我也是不讓我的孩子玩武器玩具的，有時候親戚送禮物，有玩具槍、坦克車、玩具刀等等，但因為孩子從小就知道這些玩具宣揚暴力，所以收到這些禮物也不會拿來玩耍。在他們一至三歲時，我就很明確地表達，所有武力都是沒有好結果的，無意識中他們學會了這個道理，所以不會玩那些玩具，長大後都是和平主義者。

33 不要用物質獎勵孩子

小朋友做了好事，家長應該獎勵他們。但是用物質作為獎勵，這不是一個好方法。因為一旦小朋友養成習慣，就會覺得他們做每一件事都應該有物質回報，否則就覺得不合理，於是就不去做。

我們應該教導孩子，做事不是只重視成果，最理想的是能夠享受過程，而不是執著於得到回報。那麼如何獎勵孩子呢？我們可以做一些令孩子高興的事。這個年齡的小朋友，有很多事情都能令他們興奮和開心的。譬如和他們一起吹泡泡，玩捉迷藏，一起等爸爸下班，去公園尋找美麗的小石頭等等，他們都會覺得很好玩。

甚至做家務，對他們來說也是一種遊戲。請孩子幫你抹枱，幫你收拾鞋子，幫你把衣服收進櫃裡……在我們看來是一項任務，但對小孩子來說已經是一種獎勵。孩子做得好，你就告訴他們，下次也和媽媽一起做，他們會很開心。但若果孩子每做完一件事，你都給他們一點物質獎勵的話，他們就不會覺得這件事有趣，物質回報才是最大的目的。那麼他們就會忘記過程，所有注意力都放在快點做完，得到回報。孩子可能會變得粗心大意，甚至沒有心情好好學習。

如果孩子每做一件事你就給一個糖果或者零食，變成習慣後，孩子會說，「媽媽我做好啦！」等著你給糖果。要是你不給糖果，他們會覺得你不欣賞他，不愛他，他已經做好了自己的部分，你卻沒有付應得的報酬。他們會覺得受騙了，吃虧了，下次你要求他們做事時，就會和你談條件。

我有一位朋友，每逢孩子完成了什麼事，就會給他一點零食或買一個玩具。孩子變得很任性，要求也越來越多。因為小時候這樣對待的，長大後也是一樣。「要我考大學，那麼考上之後，你要給我買一輛車。」「你想要孫子，就要給我買一層樓。」等等，好像什麼都是應得的。朋友拒絕他的要求，他就說，「你從來都不愛我！你根本不當我是孩子！你有的是錢，為什麼不買給我？」孩子這樣說，令朋友非常難過，現在很後悔：「可能因為從小他每做一件事，我都給他物質獎勵，所以長大之後，他也覺得是應得的吧。」

所以不要輕視小時候養成的習慣，可能真的會影響孩子的人生觀。沒有回報就不做事，這種想法會令孩子變成一個斤斤計較的人。若沒有足夠的回報或金錢，就覺得不需要用心做事，因為怕吃虧，反而失去好機會。我們希望孩子成長之後能夠找到自己喜歡的工作，可能回報不多，但覺得很滿足。

如果每一件事都要講條件，那麼人生就是以利害關係來衡量自己的價值。人的價值是不能用物質來衡量的。我們希望孩子心裡知道，做一件事不是要渴望回報，而是要知道這件事是否值得做。做自己覺得值得做的事，才能找到真正的快樂。所以我們絕對要避免，從小用物質來獎勵孩子。

34　不要追求結果

父母教孩子做每一件事，當然都希望孩子能夠成功，做得圓滿，學得快。但那是奇蹟。小孩子做每一件事都是一種新嘗試，一個新挑戰，所以家長不能太急於要求結果，否則會令孩子感到很大的壓力。若孩子產生挫敗感，覺得自己做不到，可能會學會半途而廢，變成一個沒有毅力的人。

不要以為逼迫孩子就能鍛煉他們的毅力，其實不是每一個孩子都能承受那麼大的壓力，有些孩子會用消極的方法抗拒，不再努力完成任務。所以我們應該重視的是過程，而不是成果。譬如，家長在網上看到，這個階段的孩子一般可以疊五塊積木，「為什麼我的孩子只做到三塊？」因為擔心，逼孩子努力達成五塊的目標。孩子不喜歡繼續做下去，但媽媽還是不甘心。媽媽不要著急。每一個小朋友的成長速度都不同，只要完成了兩塊，你已經應該獎勵孩子，讓他們用自己的步調去完成面前的挑戰。

又譬如，你準備了食物，覺得孩子一定要吃完。但可能當天孩子的胃口不好，於是你就一路追著，餵他們吃飯。其實不一定要吃完那碗飯的，待會再吃別的東西也可以。要是這樣逼孩子的話，他們會對吃飯產生抗拒，每次你希望孩子多吃一點，他們就會跑來跑去，甚至把食物吐出來。吃飯應該是一個快樂的過程，讓孩子按自己的步調選擇吃飯的時間，和喜歡吃的東西。盡量給孩子提供各種有營養的食物，讓他選擇。一頓飯的食量小，分開兩三頓也可以。

有些媽媽已經送這個年紀的孩子上興趣班，發覺其他小孩子的某些能力比自己的孩子優秀，覺得自己的孩子不如人家，產生憂慮。請不要比較，拿孩子和其他人比較，會影響孩子的自我肯定能力。接受孩子有自己的速度，慢慢教就可以。

有些孩子過了一歲已經會叫爸爸、媽媽、公公婆婆，但有些孩子還未發聲。有些孩子一歲半已經可以說幾句話，但有些孩子還未能夠把聲音組成一個句子。不要焦急，不要緊張，這都是正常的。不要逼你孩子學太多東西，盡量給他們機會自己學習。否則孩子長大之後，沒有人推動，他們就不會自己積極學習。

所以家長要改變思維，渴望的不是孩子能夠成功做到每一件事，而是他們願意嘗試和挑戰自己。最重要的是過程。孩子能享受學習過程的話，就能成為一個好學的人。

說是容易，做並不容易。從小到大，社會都重視成果，而不是享受過程，所以帶孩子的時候，家長也容易出現錯誤的想法。但請相信我，若孩子在過程中感到痛苦的話，以後就會逃避學習，不會積極求學。即使學得比較慢，只要能享受學習過程的話，他們就會變成一個好學的孩子。希望家長小心明白這一點。

35 不要教孩子用金錢換取娛樂

在香港，有許多爸爸媽媽帶孩子到外面玩的時候，都會選擇到遊樂場或商場走走，吃飯購物等等。這種娛樂方法有一個弊病，就是都需要花錢，讓孩子覺得沒有金錢就沒有娛樂，用金錢可以買到娛樂。

在玩具店，時常聽到家長對小朋友說：「媽媽沒錢，買不了。」孩子覺得很可惜，因為媽媽沒錢，不能滿足自己的要求。要是有錢的話，什麼都可以買得到。孩子會把金錢和快樂連在一起。要是我們不帶孩子到玩具店，他就不會覺得沒有錢是可惜的。

盡量不要讓孩子用金錢換取快樂。譬如前面也提到，家長可以帶孩子到博物館、美術館，去爬山，去踢球等等，都是對這個年紀的小朋友來說非常有娛樂性的節目。我們不希望孩子養成一個錯誤的金錢觀念，認為快樂是可以用金錢買到的。要看書就去圖書館，想玩耍就到公園，都是不需要花錢的。我們希望孩子知道，人生最珍貴的事物是不能用金錢買到的，譬如親情、友情、大自然、和喜歡的人度過的時間等等。從幼兒期開始教孩子不同的小遊戲，和他們一起玩耍，刺激他們的腦袋和身體成長，不要讓他們有消費的習慣。

家長是孩子的榜樣，若父母在家時常都說有錢沒錢、不夠錢等等，小朋友就會覺得錢是最重要的，沒有錢就不能夠得到快樂，沒有錢就不能夠擁有幸福的人生，這種想法會把小朋友變成一個被金錢控制的人。當然，為了生活，每個人都需要有一定的收入，但若用金錢換來快樂，那種快樂是不長久，而且可能是不真實的。

為了讓孩子學到這個人生道理，在他們幼兒期也要小心，不要把他們變成消費者。

第5章

幼兒期的基本疑問

36　什麼時候戒奶？

餵母乳的媽媽有一個煩惱，就是什麼時候戒奶？以前的專家說八個月左右比較合適，因為過了八個月，母乳就不足夠滿足孩子的營養需要，那麼可以在這個時期戒奶，慢慢改用奶粉代替，再配合其他食物。但現在的專家說，不需要規定什麼時候戒奶，若孩子有需要的話，到三歲也可以吃母乳。

以前，小孩子兩歲還吃母乳的話，可能會被人取笑。「那麼大還吃奶，真羞人！」但專家表示，孩子過了八個月之後，吃母乳並不是為了攝取營養，其實是一種母子交流。所以只要母親和孩子都願意的話，繼續吃母乳並不會有什麼壞影響。雖然我個人覺得到三歲為止是有點太遲，但問題也不大。

我家的場合，是大約餵到孩子一歲八個月左右。原因是他們那時走路已經走得很好，而且也學會了吃很多東西。母乳只是一種母子交流，只要我和孩子溝通得好，吃母乳與否並不會影響我們的關係。

戒奶是一件非常痛苦的事。因為孩子已經習慣了，見到媽媽就會想吃奶，當你拒絕給奶的時候，孩子就會覺得很難過。但一歲半的孩子已經開始能夠明白一點事理，好好解釋給他們聽，孩子會明白的。

記得那時我抱著孩子，他哭得很厲害，我心痛極了，一直告訴他：「是時候戒奶了，要開始多吃其他食物呀！」「媽媽也很痛苦，我知道你也痛苦啊！但我們一定要經過這個階段哦！」一邊說，一邊為孩子唱搖籃曲，真的非常辛苦，整晚睡不著。途中爸爸也來抱孩子，孩子餓了就給孩子奶粉，大約一個星期左右才成功戒奶。

但戒奶之後媽媽仍然要受苦。因為乳房還未收奶，會腫起來，很痛，但又不能把奶泵出來，否則乳房會繼續製造更多母乳，所以只好忍耐；況且心理上也會覺得有點失落。孩子也是一樣，這個時候要多關注孩子，讓孩子明白就算不再吃母乳，母子也可以有很好的交流，否則彼此都會有一種失落感。

戒奶之後的媽媽，有一段時期會感到特別疲倦。因為在懷孕和餵母乳的時候，你體內的荷爾蒙分泌是不同的，會令你覺得很精神，即使身體很疲倦，也不會太辛苦。但戒奶之後，媽媽身體回復正常，一直支撐著身體的荷爾蒙不再分泌，會有令人崩潰的感覺。我記得我第一次停止餵母乳的時候，身體累到嘔吐，覺得很虛弱，情況一直持續了兩三個月。戒奶後，媽媽會回復月經，第一次月經前後會覺得非常疲倦，所以要好好補身，吃點有營養的東西，多休息，好好照顧自己，否則會損傷身體，甚至影響下一胎。戒奶後，媽媽就可以重新懷孕，所以若不想立刻懷第二個孩子的話，就要開始避孕。

我是非常贊成媽媽餵母乳的，藉此可以建立一段健康的母子關係，讓媽媽真的變成一位媽媽，也讓孩子感受到媽媽的愛。而且對從剛出生到六個月左右的孩子來說，母乳是最好的營養來源，若媽媽身體健康，就盡量給孩子感受吃母乳的幸福吧。從六個月開始已經可以戒奶，若希望繼續的話，也能餵母乳到三歲為止。

勇敢的媽媽們，堅強一點，和孩子一起克服和度過這必經的成長里程碑吧。

37 教孩子自己上廁所

幼兒期也是訓練孩子自己上廁所的時期。有些小朋友進了幼稚園仍然要用尿片，有些孩子已經會自己上廁所。我鼓勵爸爸媽媽早點訓練孩子。

我很早就讓我的孩子練習上廁所。我會抱著孩子，讓他們坐在我前邊，剛好小屁股就在馬桶上面，然後我就會用聲音誘導他們大小便。我從他們大約九個月開始就做這個訓練，孩子們很快就不再需要用尿片了。他們很喜歡上廁所，因為乾淨又舒服。

停用尿片的初期，難免會出意外。例如坐車的時候他們突然忍不住，把我衣服都尿濕了。但這些情況都在預期之中，所以我不介意。我會告訴他：「下次要快點告訴媽媽呀！」對孩子來說，小便是比較難控制的，大便就容易很多。

從孩子很小的時候，已經可以開始訓練他們大便。我會把尿片打開，用手指按著孩子的心口，「唔、唔」地裝出用力的表情，孩子真的會用力去推。當他們真的把大便推出來的時候，初時會覺得很奇怪，但慢慢習慣之後，就會覺得這樣做很舒服，很高興。尤其是我最初帶他們坐廁所的時候，孩子聽到自己小便的聲音和大便掉到水裡的聲音，會覺得很有趣，和我一起大笑。之後每次我幫孩子上廁所，他們都會很興奮。有很多方法可以幫助你的孩子喜歡上廁所的。

剛剛停用尿片的小朋友，在晚上尿濕床單，也是預計之中，你可以鋪一層防水膠布在他的床褥上，那麼濕了也容易處理。孩子尿床也不要責備他，因為這是很自然的。早上起來，發覺床單是乾的話，你應該讚賞他們，說：「你真厲害！晚上沒有尿床！媽媽很驕傲！」這樣孩子會開始學習控制自己。

讓孩子學會自己上廁所，是家長的一個大課題，但不要太緊張。有些孩子到三歲還在用尿片，家長不要著急，慢慢訓練吧，很快他們就能夠控制自己，跟你說「我要上廁所」。要訓練他們知道什麼時候想上廁所，並且說出來。到不需要尿片，又能上廁所，孩子就真正從幼兒變為一個小朋友了。

38 開始為孩子儲蓄

養育孩子時，我們需要有保險，需要有計劃。其中一個計劃，就是要準備一筆盈餘以應付孩子求學、治病等等。

孩子誕生後，我立刻為他們開了一個銀行戶口，為他們儲蓄。過年過節，有親戚朋友給他們紅包，零至三歲的孩子用不到錢，所以我都會幫他們儲起來。如此這般成了習慣，我家的孩子都不會要求用紅包的錢。那麼多年儲蓄下來，也成了不少款項，到他們大學畢業的時候，全數交還給他們。他們買了一些生活上必須的東西後，用剩的都嘗試拿去投資，現在已經賺了不少錢。

有些家庭需要存孩子的教育費，我鼓勵家長從孩子出生就開始計劃，一個月要儲蓄多少才足夠支付大學的費用。可能你覺得一歲的小孩子不需要銀行存款，但其實這對自己和對孩子都是一個好習慣。一方面警惕自己需要有餘錢為孩子的未來著想，另一方面可讓孩子知道儲蓄的好處。

現在大兒子也開始為她的女兒儲蓄，準備上大學時的費用。從小我為他做的事，他現在為他的女兒做，我看到也很安慰。孩子們不是守財奴，但真的沒有物欲，不喜歡買東西。他們用錢的方法，是例如一家人去旅行、去上課，或吃一頓好的等等。因為他們的收入不錯，所以銀行裡都有足夠的存款，要是需要休息，放下工作也完全沒有問題。在我來看，這就是有一點積蓄帶來的自由。為了孩子未來的自由，趕快為他們養成儲蓄的習慣吧。

39　可否交給老人家帶孩子？

有一位媽媽想回到工作崗位，問我：「可否交給老人家帶小孩子？」其實對很多年輕父母來說，請老人家幫助帶孩子不是一種選擇，而是必然。

在香港，很多家庭都會僱用外傭來帶小朋友，但也有家庭始終覺得交給老人家帶比較安全和溫馨。我覺得這是沒問題的，唯一的問題，就是當你和老人家之間的教育觀念有分歧的時候，你應該如何處理呢？

我也收到很多媽媽的問題，說和老人家的意見分歧時很難受。我覺得要改變老人家的思維是不可能的，所以最重要的不是改變老人家帶孩子的方針，而是你和你的孩子之間要有非常好的溝通。

如果發現孩子有些言行和你教他們的不同，問問孩子是誰教的，那麼你就可以和他們作出修正。不可以在孩子面前說老人家的壞話，反而應該感謝他們願意照顧孩子。但也要告訴孩子，教育的責任全部在爸爸媽媽身上，爸爸媽媽會全心全意愛他們，引領他們走向一條最正確最快樂的路。

有些時候父母的想法可能和老人家不同，讓孩子說出來，一起討論如何解決。有些時候，可能老人家的想法比我們更有智慧，那麼我們就可以贊同；但有些時候，我們的想法才比較合時代，那麼就可以勸孩子跟從我們的做法。並不是要去改變老人家，而是你和孩子有足夠的溝通。告訴孩子，老人家的教誨不一定全部都是錯的，但有些時候追不上時代。有些習俗以前是容許的，現在可能不行。因為時代變化了，有懷疑的時候一定要和媽媽討論。

「家有一老，如有一寶。」老人家的智慧很多時候都值得我們去學習，家長應該抱著謙虛和感恩的心請老人家帶孩子，但也要謹記孩子是面向未來的人，有很多知識需要你灌輸給他們。所以你一定要和孩子說清楚，最後決定是握在媽媽、爸爸和孩子手裡。

40 什麼時候讓孩子一個人睡？

一至三歲的小孩子，很多仍然是和媽媽一起睡的。可能是同床，可能是同房。記得三十多年前我生孩子的時候，有很多專家說：「應該和孩子分房睡，否則孩子就不能夠建立獨立的思維。」但現在的專家經過很多研究，改變了以前見解了。他們指出，是否與孩子分床分房睡覺，並不會影響孩子獨立，兩者是沒有關係的。反而讓孩子睡得好才最重要，同房同床也沒有問題。

那什麼時候開始可以讓孩子一個人睡呢？我的做法是先把床準備好，然後告訴他們：「你們的小床已經準備好了，隨時都可以去試試看。」小朋友就會去試試看。有些時候睡到半夜，他們又會跑回來我們的床上。但如此這般，慢慢習慣，他們就會喜歡上一個人睡。

讓孩子自己選擇什麼時候分床睡，也是一種培養自立的方法。我的孩子們大約六至八歲開始就自己一個人睡。這可能是比其他孩子遲一點，但我不認為他們沒有獨立性，成長得很正常。專家沒有建議一個應該分床睡的年紀，每一個家庭都可以有各自的方針。分房也好，不分房也好，並不會影響孩子的成長。不過夫婦感情可能會因為孩子同睡而受到影響，這一點需要兩人考慮。

有兄弟姊妹的家庭，孩子分床睡比較容易。因為他們不是一個人睡，不會怕黑，不會寂寞，能夠更早離開爸爸媽媽自己睡覺。若家裡只有一個孩子，家長希望孩子自己睡覺的話，可以睡前為孩子讀書，讓他們睡著之後才離開。也可以告訴孩子若半夜感到害怕的話，隨時可以來找媽媽，那麼孩子就會慢慢學會自己睡覺。

一至三歲的時候，除非孩子喜歡一個人睡，否則如果他們想和你一起睡覺，就不應該強迫他們分開睡，否則反而會令孩子害怕。

孩子的心靈需要安慰，和孩子一起睡，他們也會睡得比較好。睡得好的小朋友會更健康，心情快樂，容易帶。睡得不好的小朋友，成長容易出問題，比較容易病，容易發炎；當身體不舒服，會容易哭，容易發脾氣。

好的睡眠是健康成長的絕對條件，所以不要以為：「他已經兩歲，一定要分房睡！否則會永遠依賴媽媽。」這是沒有科學證據的想法。一至三歲的孩子，不需要迫他們分房或分床睡。

41　要上興趣班嗎？

很多媽媽問我：「一至三歲的小孩子需不需要上興趣班？」我的孩子從兩歲半開始上幼兒園，到三歲之前都沒有上興趣班。但我姐姐的孫兒孫女都是在兩歲左右開始上興趣班的，最早的從一歲已經開始。看著姐姐的小孫女，似乎非常喜歡上課，也學了很多東西。可能年輕家長覺得去上課比一整天和傭人姐姐呆在家裡更好吧。這是時代的變遷，大人對小孩子的期待不同。

我覺得只要孩子喜歡的話，上興趣班不是一件壞事。但若果孩子覺得有壓力或不願意，興趣班反而會影響他們的情緒。上興趣班是希望孩子能夠學到更多東西，不應該是為了增加他們的競爭力，進入一間好的幼稚園，然後進入一間好的小學。父母的這種心態會不知不覺加重孩子的壓力。

這個時期的小孩子，每天都應該是快樂的，讓他們在無意識中創造無數美好的回憶，覺得人生充滿美好。到他們長大，遇到挫折或痛苦的時候，就能夠回想兒時的快樂，得到心靈的安慰。所以若興趣班變成孩子的一種壓力，我就建議不如不上了。不上興趣班的時間，可以用來和孩子交流，建立更好的親子關係。

若果你白天要工作，又不想把孩子交給照顧者，怕他們得不到充分的刺激，送他們上興趣班更加安心，那麼請選擇一個以遊戲為主的，而不是填鴨式灌輸知識的興趣班。

送孩子上興趣班，並不表示你就可以忽略與孩子交流的時間，孩子需要人呵護，需要人愛惜，需要人讓他撒嬌。所以和媽媽的肌膚接觸、有溫馨的交流是非常重要的。家長不但想小朋友腦袋發達得好，也希望他們感受到這世界是溫暖的，有可靠的人。要讓孩子相信他們值得被愛，也有能力愛人。這都是需要在這期間灌輸給孩子知道的，興趣班不一定能夠達到這個目的，只有家長的愛才做得到。

況且，這個時期的小朋友每天需要三小時自由玩耍的時間，而最理想的是戶外活動。那麼，上興趣班會不會減少了自由玩耍的時間呢？這也需要好好考慮。這時期的孩子，每天要睡九至十一個小時，再加三個小時玩耍，還有一日三餐、和爸爸媽媽交流，剩下的時間不多，所以要做好時間管理，不要花太長時間在興趣班上。

更不要讓孩子上好幾個興趣班，那麼年幼就已經忙得喘不過氣來。人生很漫長，孩子以後還會有十八至二十二年的學生生涯，若能夠在幼兒期自由玩耍，才是比較幸福的。所以，如果爸爸媽媽希望送小孩子上興趣班，真的要好好考慮清楚。

42 什麼時候多生一個孩子？

有很多媽媽都不知道，什麼時候才適合生第二個小孩。聯合國兒童基金會提議，兩個小孩之間最少相差三歲，也就是說，當第一個孩子大約兩歲之後才開始懷孕。

原因是零至兩歲的孩子需要媽媽的照顧，媽媽的身體也需要時間康復，特別是餵母乳的媽媽。很多媽媽在餵母乳的時候是沒有月經的，戒奶之後才懷孕比較好。第二個孩子出世時，如果第一個孩子已經有三歲左右，開始能明白一些道理，也能用說話表達自己，媽媽的負擔就沒有那麼重，而且身體有足夠的時間回復，有帶初生嬰兒的氣力。

有些媽媽會多等幾年才生第二個孩子，這也是可以的，兩個孩子之間的歲數有差距也不是大問題。父母處理得好，孩子反而可以成為媽媽的助手，一起照顧弟弟或妹妹，兄弟姊妹的關係會更加和睦。

但如果兩個孩子的年齡太接近，譬如只相差一歲，甚至一個年頭一個年尾的話，很多方面都會加重媽媽的負擔，也影響孩子的身心成長。按聯合國兒童基金會的統計，如果兄弟姊妹的歲數相差太近，有可能影響個別孩子的營養吸收。例如每年生一個孩子的家庭，大孩子已經懂得自己吃飯，可以吃多一點，最小的孩子則有媽媽照顧，也不會有大問題；但排第二的孩子，那時剛一歲多兩歲，往往容易被忽略，出現營養不良。要是你想生幾個小朋友，一定要注意不要讓任何一個孩子被忽略。所以我鼓勵媽媽不要太急，如聯合國兒童基金會所提議的，等到大孩子兩歲多才開始懷孕。

我家的三個孩子，大兒子和二兒子相差三歲，二兒子和三兒子相差七歲。他們感情很好，沒有嫉妒，互相照顧，我覺得很安慰。我生了大兒子之後，也曾經擔心過：「我那麼愛他，若我生了第二個孩子的話，我的愛夠用嗎？會不會分薄我對大兒子的感情？」但到二兒子出生後，我發覺我不但能同等地愛著他們，而且媽媽的愛就像一個氣球，隨著孩子越多，氣球會越大，絕對不會不夠用的。那種感覺很幸福，令我很自豪。

生完二兒子，我覺得夠了，就一直沒有想過會生第三個。當我知道自己第三次懷孕的時候，我覺得很突然，也很驚喜。生下來後，看到大兒子和二兒子有很大的改變，我邀請他們和我一起帶弟弟，讓他們做「小爸爸」。他們真的變成了有責任感的哥哥。而且因為從小照顧弟弟，現在大兒子成為人父，照顧自己的女兒也很熟練，比他妻子還有信心。這也是有兄弟姊妹的好處。

有兄弟姊妹的孩子，長大之後也有倚靠，爸爸媽媽離世之後，也仍然有親人。每個家庭的情況都不同，但若有條件多生一個孩子的話，對你現在的孩子來說，應該是一件好事，可以考慮一下。

43 為你不在的時候做準備

很多朋友做了媽媽之後，最擔心的就是，若自己有一天不在了，孩子怎麼辦？所以應該在孩子小時候就做好準備，萬一自己不在的話讓誰帶孩子、如何保障孩子有一個穩定的未來。

當然，最適合擔任這角色的就是爸爸，所以要教會爸爸如何帶孩子，要他了解孩子生活的所有需要，也應該和他討論你的期望。譬如，你願不願意他在你離開之後再婚？若你不願意其他人帶你的孩子，應否拜託其他親人幫忙，譬如你的姐妹或媽媽？這些問題非常敏感，應該好好想清楚。

我生孩子之前，曾經對我的丈夫說，若我生孩子的時候不幸去世了，希望他能盡全力帶好孩子。若果他要和其他人結婚，要先考慮那位女士會不會對我的孩子好，不要因為自己喜歡那個人，就隨便結婚。我更對他說：「你可以和任何人交往，但若果她對孩子不好的話，請不要迫孩子認她為媽媽。」我說：「若果你真的要結婚，而那位女士不接受我的孩子的話，請把孩子交給我姐姐帶。」

這些事，兩夫婦需要說清楚，因為孩子的未來在父母的手裡，媽媽需要有計劃以保障孩子的未來。孩子開始成長，我也同時培養爸爸帶孩子的知識，讓他知道如何幫助孩子腦袋成長、輕鬆學習、社交力強、善良誠實、對生活充滿熱誠、對未來充滿夢想。我把我擁有的所有教育知識，都盡量和他討論，希望他也能夠學會帶孩子的方法。

很幸運，在帶孩子的過程中，一直沒有什麼大問題，直至三兒子上小學的時候，我患上了乳腺癌。那個時候，我真的很驚慌，怕看不到孩子長大。當時我和丈夫討論過，若我真的不在的話，他應該怎樣做。我說：「你應該再婚，但千萬不能讓我的孩子受苦。」哥哥們已經是大學生和高中生，不會太受影響。但老三只是小學生，若是後母對他不好，我會很傷心。」幸好我的癌症發現得早，所以接受了五年的治療之後，我到現在還是很健康，孩子也都已經長大成人，我的責任可以說是完成了。

但年輕的家長們，請坐下來討論一下，若其中一方不在孩子身邊的話，應該如何處理。有備無患，有計劃就不會驚慌。為人父母，我們不單是為自己活著，也是為家庭、為孩子活著，所以計劃人生就成了非常重要的任務。不單是自己的人生，連自己不在的時候、家人的人生都要計劃好。

而且這些事不能一個人做決定，所以鼓勵你和伴侶好好談一談，這是當上媽媽之後必經的過程之一。加油！

第6章

創造快樂家庭

44　做孩子的啦啦隊

這個時期的小孩子特別需要鼓勵。因為他們做每一件事都不知道對錯，所以他們會關注你的反應，留意你的面色和所有小動作。你表示讚賞的話，孩子就會知道這件事可以重複做；你反對的話，他們就會知道那事不應該做。

當孩子做了危險或不應該做的事時，需要好好告訴他們不可以做。表達要清楚，但不要嚇他或打他。孩子做得好的時候，你要反覆讚賞，誇張一點也可以，例如拍手，微笑著告訴他們「你做得真好，媽媽很高興」、「真乖」、「太好了！」等等。甚至跳舞，抱起孩子親吻，都是很好的表達方法。

這個時期的家長就像是孩子的啦啦隊，孩子每做到一件事都值得慶祝。興奮地跳起來，鼓掌，歡呼，讓孩子感到驕傲。不用感到害羞，全心全力地做你孩子的啦啦隊吧！反過來，要是孩子做得不好，不需要大呼小叫，只需要搖頭告訴他們這是不能做的。孩子會很小心觀察你的表情，重複教誨的話，他們會明白。不要尖聲大罵，否則孩子會很驚慌，甚至哭起來，無法理解你的話，所以一定要平心靜氣地說。

譬如孩子想伸手碰火，你要拿著孩子的手告訴他，這樣會燒傷。你可以用表情告訴他們燒傷有多痛，反覆教導，直到他們明白為止。又譬如孩子動手打人，你要拿著他們的小手，告誡那不可以做。這些都是要不斷重申的。有很多媽媽說，「小孩子做危險事的時候要打！否則他們不會明白。」如果孩子只是因為怕被打才不做某件事，根本不算真正學懂背後的道理。可能在你看不到的時候，他們按捺不住好奇心，就會再做出危險的事。所以一定要冷靜地、反覆地告訴孩子。

對待這個時期的孩子，一方面要誇張地讚賞，另一方面要平心靜氣地教導，所以家長需要鍛煉自己各種表情。表情不豐富的媽媽會覺得有點困難，但只要你用心表達，面前是你的孩子，他們一定會明白的。含蓄的表達在這個時期是用不著的，小孩子不會理解。

父母是孩子的忠實粉絲，也是孩子最大的支持者。他們每做到一件正確的事，請去捧他們的場，令他們覺得學到一件事或做得對的時候會令你高興。那麼，他們就會覺得自己是有價值的孩子。

45 和孩子一起畫畫

一歲半左右，有些孩子已經會拿起筆在紙上畫東西，這是很好的跡象。有些專家說，不要太早教孩子寫字，但我們不是要逼孩子寫字，而是讓孩子用畫畫的方式表達自己。從孩子選擇了什麼顏色來畫畫，可以看到孩子的心情。當然，這年齡的孩子畫畫，未必會畫得很好，父母應鼓勵他們，甚至和他們一起畫。讓孩子用各種方法表達自己，有些時候甚至不用筆，而是用手沾上顏料來畫。

孩子畫什麼你都可以讚賞，然後和孩子一起聯想，他們畫的是什麼。要是畫上用了藍色，你可以說：「啊！好像天空，也好像海水！」用了紅色，你可以說：「像花朵！」用了黃色，你可以說：「像太陽！」一如此這般，慢慢孩子會明白，他們可以用畫面來表達看見的東西或幻想的東西。你可以先教孩子畫圓圈、畫曲線、畫直線等等。那很快，你就可以開始教他們寫字。

不是每一個小朋友都喜歡寫字，所以你要從小培養孩子不抗拒寫。讓孩子知道，寫字能表達自己的感受，而多一種方法表達自己是非常好的。當他們學會寫字，就會知道除了畫畫之外，還可以用文字來表達自己。若他們已經養成一個好的閱讀習慣，就會更加能欣賞文字。

有些小朋友畫畫特別有天份，從小就對顏色、對形狀和空間的處理有獨特的風格。若孩子真的有天份的話，你可以鼓勵他們多用畫畫來表達自己。在心理學上，小朋友的畫是心靈的天窗，從中可以看到孩子說不出來的感受。透過畫畫，更可以紓緩孩子負面的情緒，譬如驚慌、憂慮、悲傷等等。若孩子的畫色調從黑色、灰色變為紅色、黃色的時候，就代表孩子的心理狀態開始改善。

有一個能幫助建立親子關係的好方法，就是和孩子一起畫畫。你畫一筆，他畫一筆，組成一幅美麗的圖畫。透過畫畫，孩子會感受到你的情緒，也可以表達自己的情緒，不用說話也可以互相理解。

我在史丹福大學攻讀博士學位的時候，一到考試，宿舍內就會有學生集合在一起填色。因為這是一個能紓緩緊張的非常有效的方法。填色三十分鐘，再回房間溫習，會發覺自己的集中力都回來了。當孩子情緒不穩定的時候，我會讓他們畫畫，紓緩壓力，讓心情輕鬆下來。

我鼓勵家長和一至三歲的孩子一起畫畫，因為這是最容易幫助孩子表達自己的方法之一。

46 爸爸的角色

有很多爸爸不太踴躍參加孩子這個階段的教育，可能因為他們沒有自信，也可能是覺得孩子還不懂事，不知道怎樣交流，有些爸爸甚至會覺得孩子很麻煩。若你的丈夫也是這樣，你一定要開始訓練他，改變他的思維，令他成為一個值得驕傲的爸爸，這點非常重要。

因為媽媽十月懷胎把孩子生下來，當媽媽的感受是非常深刻的。但爸爸沒有經歷懷孕和生產的痛苦，當爸爸的感受沒有那麼深刻，所以我們要多給爸爸一點機會。例如讓爸爸多抱孩子，這其實是非常適合的，因為爸爸比較強壯。孩子習慣了在爸爸的懷裡，會開始喜歡爸爸，爸爸一抱，孩子就會停止哭泣，爸爸就會覺得非常驕傲。

當孩子學會走路的時候，你可以說：「媽媽要去舊生會，今天你和爸爸玩吧！」離開前，要好好教爸爸處理每一件事情。若果爸爸做得不錯，過兩個月你又可以說：「媽媽要回娘家住一個晚上，爸爸你能夠照顧好孩子嗎？」

這個決定是有挑戰性的，而且有點危險。可能爸爸做得不太好，但是你要給爸爸和孩子機會，讓他們在沒有你的情況下交流和共同生活。當然你要做好準備，例如告訴爸爸孩子的衣服在哪裡、孩子喜歡吃什麼、緊急時聯絡誰、醫生的電話號碼等等。若孩子已經開始上幼兒園，也要知道老師是誰、孩子最喜歡的同學是哪一位等等。

我跟我的丈夫說：「要是明天我有什麼三長兩短，你可以立刻照顧好孩子嗎？你要做好準備，有事發生的時候，你要能當爸爸，又當媽媽。」然後我就告訴他孩子的一切大事小事，後來他真的很積極參與育兒。當第二個孩子出生後，他發覺我一個人帶兩個孩子真的很辛苦，就更加努力付出，變成一個十分值得驕傲的爸爸。

人們常說，「爸爸沒有媽媽那麼耐心」，其實也不一定的。很多爸爸也非常有耐心，也有很多媽媽容易不耐煩，因此不是性別問題，是個人性格。對孩子來說，有一個關心自己的爸爸是非常幸福的，所以我非常鼓勵大家在這個時期多讓你的伴侶帶孩子。當孩子開始走路，約兩歲多三歲的時候，就可以讓你的伴侶帶孩子到外面玩耍。玩耍的時候，你和爸爸的方法一定會有點不同，也是孩子學習新知識的機會。起初爸爸可能不習慣，手忙腳亂，孩子覺得有趣，親子關係會越來越好。讓爸爸有當爸爸的自覺，那麼他在育兒方面的角色就會提升很多。

我記得孩子小時候，讓爸爸帶他們上街，發生了幾次驚險的意外。

有一次孩子在泳池滑倒，撞傷了頭，有一次在地鐵中嘔吐，更有一次在山溪中迷失了，要報警！我每次都沒有怪爸爸，因為我知道最難受的是爸爸本人，所以我會安慰他不要太在意，換著我也可能會發生同樣的意外。現在回想起來，也覺得自己很大膽，孩子交給爸爸帶。但每一次意外，都增進了父子感情，到頭來也是一件好事。

媽媽一方面要帶孩子，也要培養爸爸成為最佳的家長。爸爸不是幫你帶孩子，是和你一起帶孩子。因為孩子是你們兩個人的愛情結晶，是夫妻共同的責任。

47　讓孩子理解你的工作

當爸爸媽媽要工作的時候，幼兒期的孩子多數都是交給照顧者，所以有很多小朋友沒有機會見識爸爸媽媽的工作。在外國，有很多企業都會在一年內選擇一天，讓孩子來到爸爸媽媽工作的地方，了解他們在家庭以外的生活。這是非常好的活動。因為讓孩子見到父母工作的地方，見到父母工作的夥伴，會在他們的腦袋裡建立一個場景，那麼即使他們見不到你，也能夠想像你到哪裡工作，和什麼人在一起，他們等待你回家時也覺得安心。如果幼兒期的孩子無法想像你出門之後，就好像你去了一個完全陌生的地方，會令他們感到不安。

若你的職場不能帶小孩子去，你也可以拍照或拍一段短片，向孩子介紹你工作的地方。雖然孩子還小，你仍然可以解釋你的工作，這份工作有什麼意義，你在職場交了什麼朋友，在哪裡吃飯、哪裡休息。這些情報對小孩子來說都是定心劑，讓他們知道媽媽不在身邊的時候，媽媽的世界是如何的。

當我生完孩子回到工作崗位時，會帶他們去看我工作的地方。因為我是藝人，工作的地方並不是不能去。因此孩子都明白我的工作狀況，到他們一歲半戒奶之後，我就把他們交給照顧者。但因為他們明白我在哪裡工作，所以分開的時候並沒有太大抗拒。我希望有工作的家長們都能夠盡力解釋你的工作給小孩子知道，讓他們能夠安心地盼望你回家。

48 創作不會完結的故事

孩子小時候，我和丈夫每晚都會為他們講故事。丈夫創作的故事是笑話類型的，主人公叫「放屁太郎」，他是一個古怪的英雄，會用「放屁」來打敗欺負小朋友的壞人。他會吃很多番薯，放出來的屁臭得像毒氣一樣，而且噴射的威力非常大，壞人不是被臭得暈倒，就是被屁吹倒。每次說到「放屁太郎」放屁的時候，孩子都會笑到彎著腰，全家人都笑出眼淚來。這個故事不會完結，每晚孩子都要求爸爸說新的故事。爸爸會說：「好，那麼你們每人提出一樣想聽的東西，那東西就會在故事裡面出現。」孩子簡直是開心到瘋狂了，各自選擇自己希望在故事中聽到的東西，譬如大孩子說「蘋果」，二孩子說「猴子」，三孩子說「書包」。那麼很神奇地，當晚的故事裡就會出現這三樣東西，孩子們每一次都非常興奮。這種交流方式令父子關係很好，而且孩子們每晚都很開心，所有煩惱都能夠忘記。

我也會跟孩子們說我創作的不會完結的故事。我的故事叫「企鵝的冒險」，小企鵝迷路了，企鵝媽媽出發到全世界去找小企鵝，到過印度、英國、夏威夷、非洲、泰國等很多國家，每一次都會遇到很多驚險的事。每次差不多找到小企鵝，又突然會發生問題。企鵝媽媽每次遇到危險，孩子們就會瞪大眼睛，很緊張，害怕企鵝媽媽有不幸，又希望她能夠找到小企鵝。這個故事他們也非常喜歡，而且我可以把各國的風土人情、歷史文化帶進企鵝媽媽的冒險中，令故事有教育性。孩子會提議：「企鵝媽媽會去到巴黎嗎？」那我就會說：「好，那她今次去巴黎。」有自己的參與，令他們更加聽得津津有味。

創作沒完沒了的故事給孩子聽，可以啟發他們的想像力。相信在每一個孩子的腦袋中，「放屁大郎」和「企鵝媽媽」都是不同模樣的，那是他們獨自的幻想世界。因為故事是口講的，沒有圖畫也沒有文字，孩子能完全自由地幻想。

因為故事沒有完結，所以可以永遠講下去，隨著孩子的成長提升內涵。孩子現在還記得每天晚上聽爸爸媽媽講故事的時候，多麼快樂，多麼幸福。現在他們提起「放屁太郎」仍會大笑，談起「企鵝媽媽」還記得如何從中學懂了很多世界不同國家的事情。

從幼兒期開始，就可以為孩子建築一個只屬於他們自己的幻想世界。我鼓勵家長創作你和孩子的故事，一個只屬於你和孩子的創作，令孩子感到幸福和歸屬感。

成長里程碑——

48個一至三歲育兒指南

作　　者　陳美齡

責任編輯　寧礎鋒
書籍設計　Mei Chun

出　　版　三聯書店（香港）有限公司
香港北角英皇道四九九號北角工業大廈二十樓
Joint Publishing (H.K.) Co., Ltd.
20/F., North Point Industrial Building,
499 King's Road, North Point, Hong Kong

香港發行　香港聯合書刊物流有限公司
香港新界荃灣德士古道二二〇至二四八號十六樓

印　　刷　美雅印刷製本有限公司
香港九龍觀塘榮業街六號四樓A室

版　　次　二〇二四年七月香港第一版第一次印刷

規　　格　大三十二開（125mm × 185mm）二一六面

國際書號　ISBN 978-962-04-5477-6

三聯書店
http://jointpublishing.com

JPBooks.Plus
http://jpbooks.plus